JN239802

リーガルマーケティングで

ヘルスケアビジネスの勝ち組になる

「健康美容機能訴求」で商品のバリューUPはどこまで可能か？

株式会社薬事法ドットコム社主
林田　学

ダイヤモンド社

プロローグ

「パジャマ」に健康機能を付け、「疲労回復パジャマ！」と訴求したら大ヒットした。

「レギンス」に美容機能を付け、「むくみ防止レギンス！」と訴求したら大ヒットした。

こんな話は珍しくなく、商品やサービスに「健康美容機能」を付けると、プレステージが上がることは疑いありません。

では、好き勝手に「健康美容機能」をうたってもいいのかというと、そんなことはありません。「健康美容機能」をうたうには、薬事法（現・薬機法）や景表法のハードルがあり、そのハードルに引っかかると行政指導や業者名公表（措置命令）、さらには課徴金といった手痛いペナルティーが課せられてしまいます。ちなみに、上記の「疲労回復パジャマ」や「むくみ防止レギンス」も現在のマーケットからは姿を消しています。ところが、行政は、このハードルの内容をあまり明らかにしません。

「ここからここまではOK、だけどこの先はNG」というように基準を明確にしてくれると、事業者はその基準に合わせてビジネスモデルを構築することが可能ですが、なんらかの理由があるのか、決してそういう方向に動く気配は一向に感じられません。

このような「暗闇規制」は、ヘルスケア企業の活力を弱め（やっていいものか否か、投資していいものか否か、がよくわからない）、日本の経済力低下の一因をなしていると私は考えています。

そこで私は、このような「暗闇」を少しでも照らすべく、「情報ハイウェイ」を構築しています。

　この「情報ハイウェイ」は、次の5つのフローによって展開されます。

1）行政が細切れに発する情報を収集
2）事業者の方々から、行政からどういう指摘を受けているといった情報を収集
3）（1）と（2）のギャップについて行政に照会
4）行政が明らかにしていない規制基準（いわば閻魔帳）を明らかにする
5）明らかにした規制基準を事業者の方々に伝える

　この「情報ハイウェイ」を展開するために、私は事業者の方々に向けて、毎日メールマガジン（メルマガ）を配信し、毎月オンラインセミナーを実施しています。

　メルマガの配信数は約3万人、無料版のオンラインセミナーの参加者は、録画版を含めると250人を超えています。

　本書は、メルマガやオンラインセミナーで発信された内容を整理しまとめたものです。いろいろな事例を具体的に分析し、ヘルスケアビジネス規制の「暗闇」を少しでも明るくすることに貢献する。これが本書の第1の目的です。

　本書の第2の目的は、「リーガルマーケティング®」の考え方と、その実践を知ってもらうことです。「リーガルマーケティング」

とは、法律規制を分析してビジネスの勝てるポジショニングを見出す、という考え方で弁護士出身の実業家である私の専売特許です。私はこの考え方を用いて、これまで、下記のようなさまざまな成功事例をプロデュースしてきました。

1. RIZAP

2012年7月、まだ2店舗しかなかった時代からコンサルを始め、ビフォーアフター広告の考え方についてのアドバイスや、エビデンスも作るなどし、100倍以上の成長をもたらしました。M＆Aがうまくいかなかったことと、コロナで躓きましたが、今度はコンビニジム chocoZAP（チョコザップ）をコンサルティングし、100万人以上の会員集客をサポートしました。

2. にしたんクリニック

2020年5月、新型コロナウイルス対策の措置として第1次緊急事態宣言が発出された頃、自宅でPCR検査を受けることができるビジネスモデルとして、通販型PCR検査キットのモデル作りをサポートしました。その年の8月19日にキックオフしたところ、彼らの卓越した宣伝力もあり、1年で280億円という驚異的な売上を達成することができました。

3. メビウス製薬

2006年、赤坂の家賃8万円のワンルームマンションで創業。2012年から、薬用化粧品「シミウス」のコンサルティングを始

め、「シミウス併用マッサージでシミ解消」という訴求を私が考え、エビデンス作りもサポートしたところ、あれよあれよという間に売上が伸び、定期顧客が30万人を超えるに至りました。その後、2022年3月、創業者のO氏は全株式を100億円で売却するに至りました。

ざっとこんな感じです。本書はこの「リーガルマーケティング」の考え方とその実例が随所に紹介されています。
本書がみなさまの成功の第一歩となることを願っています。

林田　学

リーガルとマーケティング 2 軸の発想図

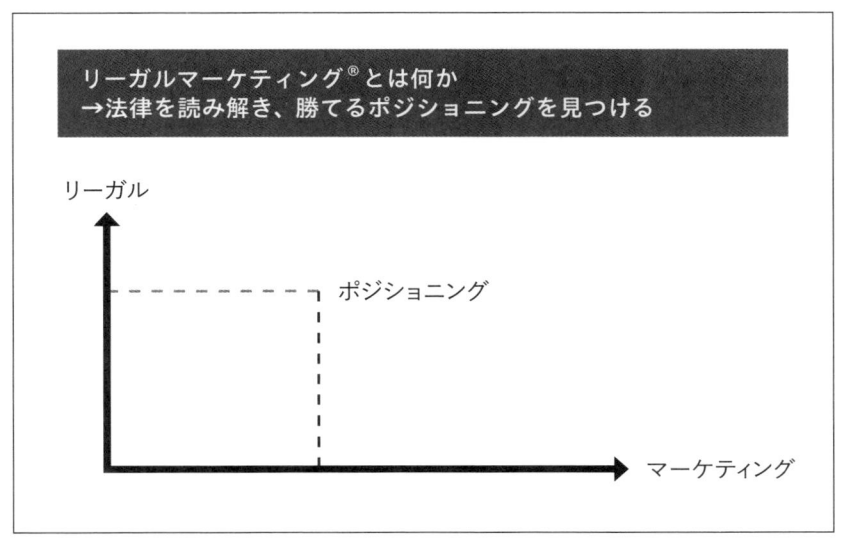

本書をお読みいただくにあたって

本書は、私のこれまでのメールマガジンやセミナーの内容などをもとに作成しています。
文章は、メルマガやセミナーで使用した表現や言い回しをそのまま掲載している箇所があります。

表記については以下の通りです。

・「薬事法 (略称)」は平成 26 年 11 月 25 日の改正により、「薬機法 (略称)」に変更されましたが、本書では「薬事法」で統一して使用しています。

・「景品表示法」「健康増進法」「特定商取引法」につきましては、それぞれ略称として「景表法」「健増法」「特商法」を多く使用しています。

・「日本化粧品工業会」及び同会が定めた「化粧品等の適正広告ガイドライン」につきましては、それぞれ略称として「粧工連」「粧工連ガイドライン」を使用しています。

・法律や官庁のセクションの名称は 2024 年 3 月段階のものとしています。

本書に登場する主な事例

- ・RIZAP
- ・にしたんクリニック
- ・メビウス製薬
- ・ブロリコ事件
- ・ステラ漢方事件
- ・明治「ザバス」
- ・大正製薬「パブロンマスク365」事件
- ・インシップ事件
- ・だいにち堂事件
- ・山本化学工業「メディカルシンセンサー」
- ・バスクリン「髪姫」
- ・アクガレージ事件
- ・江崎グリコ「Bifixヨーグルト」
- ・明治「野菜と一緒にのむヨーグルト」
- ・ロッテ「BLACK ★ BLACK」
- ・森永製菓「大粒ラムネ」
- ・ポッカサッポロ「がぶ飲みブドウ糖ソーダ」
- ・キリン「プラズマ乳酸菌 iMUSE（イミューズ）」
- ・DHC「スーパーコラーゲン」
- ・ロート製薬「ワキガ対策クリーム（リフレア）」
- ・富士産業「女性のための育毛剤（リリィジュ）」
- ・タカミ「スキンピール」
- ・オークロンマーケティング「トゥルースリーパー」
- ・N-NOSE
- ・「ユーグレナXO」
- ・大正製薬「コラーゲンドリンク（ALFE）」
- ・日清食品「美容ドリンク（ヒアルモイスト）」
- ・L-92乳酸菌（新聞広告）
- ・サン・クロレラ
- ・江崎グリコ「POWER PRODUCTION」サイト
- ・強命水 活事件
- ・カルピス（L-92乳酸菌のリターゲティング）
- ・医療法人社団祐真会事件

（掲載順）

目次

第 **2** 部

規制をクリアするプロダクト
——サプリメント・機能性表示食品・化粧品・部外品・ウェア・雑品・健康機器——

第 **3** 部

薬事法の外に立つ

ヘルスケアビジネスに必要な薬事法・健増法・景表法の実践知識

Introduction

イントロダクション

　第1部では、薬事法・健増法・景表法に関する実務的トピックを取り上げ、これらの法律を実践的に理解していただきます。

　薬事法は、簡単にいうと、たとえ真実であっても効能はうたってはならないという法律です。微に入り細をうがって規制が張り巡らされて、ヘルスケアビジネスの大きな壁になっています（規制すること自体が自己目的化している感じもします）。企業としては、この外に立ち、薬事法の呪縛を脱することがビジネス上のKEYとなります。

　その観点からとても重要なのが、薬事法の広告要件で、次の3点を充足するものが薬事法上では広告と扱われます。逆にいうと、1つでも充足しないと薬事法は適用されません。

① 顧客を誘引する（顧客の購入意欲を昂進させる）意図が明確であること（誘因性）
② 特定医薬品等の商品名が明らかにされていること（特定性）
③ 一般人が認知できる状態であること（認知性）

　以上の3点です。

　②は、ざっくりいうと、商品名が出てないこと、です。

　そこで、ビジネス実務では、商品名を出さずに成分の効能を述べる成分広告の手法が主流です（基本的に、成分広告は商品名が

ないので要件②を欠き、薬事法が適用されません）。ただ、その先に、景表法の問題があります。

　景表法は、広告がホントかウソか、その根拠を問う法律です。

　成分広告の手法で薬事法はグレーだったものが、景表法でガツンとやられた事件があります。それが「ブロリコ事件」で、第1部の最初に取り上げます。

　景表法で攻められたものの、かなり微妙だったのが、花粉に対する効果を訴求した「大正製薬パブロンマスク事件」です。

　大正製薬VS消費者庁の戦いは、2019年に始まり、2024年7月時点でもまだ続いています。

　第1部では、両者の戦いの軌跡を詳しくフォローしますが、これにより、景表法がどういう法律なのかがよくわかると思います。

　消費者庁の別働隊といわれる適格消費者団体が、景表法違反としてインシップ社の広告を追及しましたが、裁判で敗れたという事件もあります。

　景表法は、ほかに「ティーアップ」も規制します。

　日本初・世界初。最近は「No.1」表示に対する規制が急に厳しくなっており、10日程度の期間で、11社が措置命令を受けるという異常事態が勃発しています。

　景表法は、アフィリエイトやインスタグラムも規制します。

　健増法は、ミニ薬事法とも呼ばれますが、それに絡んで、「ザバス」の広告も取り上げます。

Part 1

薬事法

[前注]

　薬事法は表現を規制するもので、効果として体の具体的変化をうたっていればアウトです（それが真実か否かは問いません）。

　それに対し、景表法はうたっていることに根拠があるか否かを問う法律です。

1. ブロリコ事件

　はじめに、少々難しい事件ですが、薬事法と景表法にまたがる興味深い事例を紹介します。

　2017年11月1日に景表法違反として措置命令（違法となった広告の撤回と、再発防止を命じる行政処分）を受けた「ブロリコ事件」は、薬事法の外に立つ手法（薬事法の適用を回避する手法）である成分広告を考える上で、とても重要なリーディングケース（先例となる事例）です。

　この事件では、成分（ブロッコリー）の効能を説明する資料は

ブロリコ研究所から送られ、商品広告は販社（イマジン・グローバル・ケア社）から送られていました。つまり、前者の資料では商品が出てこないため、それによって薬事法の適用を回避しようとしていたわけです。

　ところが景表法を担当する消費者庁から、「結局商品の効果をうたっていることになるが、その効果に合理的な根拠はない」と判断され、景表法違反として措置命令を下されています。

　いわば右手に盾を持ち薬事法をディフェンスしようとしていたら、防御の甘い左手側から景表法で攻められ、やられてしまった……といった感じの事件です。

　薬事法は表現規制なので、商品について述べているのか？　成分について述べているのか？　を厳密に峻別して考えますが、景表法はその先にある根拠が勝負どころなので、ここはアバウトに考えられています。

　この事件では、商品資料では一切効果を述べず、成分資料で成分の効能を述べることで薬事法をクリアしようとしていましたが、景表法でアウトとなってしまったわけです。

「ブロリコ」を販売していたイマジン・グローバル・ケア社が
行っていた広告手法

DSP
（デマンドサイド
プラットフォーム）

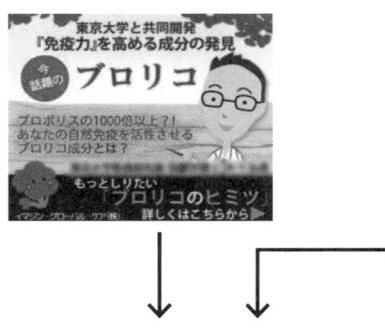

ブロリコ研究所
（イマジン・
グローバル・ケア）

同社は、研究コンテンツ方式を採用し、商品広告では一切効能をうたっていなかった

商品広告と研究コンテンツは一体と見られた

商品広告として成分ブロリコの効果を訴求しているが根拠は不十分
とされ、措置命令を受けました。

2. 成分広告から商品広告へのリレー

　最近、あるクライアントから「ドリンクの成分に "VIG" という名称を付け、精力増強をうたうプロモーションをネットで展開し、商品ドリンクの名称を "VIG パワー" とし、効能をうたわない広告を新聞やチラシで展開しようと思うが、どうか？」といった相談を受けました。

　ところで、成分広告（商品の効能はうたわず成分の効能をうたう手法）自体は商品名を省くことで薬事法をクリアできるので簡単な手法ですが、問題は商品広告にどう適法につなげるか？　です。
　運用も含め、現在の規制の要点を整理するとざっと次の 5 つになります（都庁 HP については、第 3 部 Part 1 参照）。

1）成分広告を A テレビ局、商品広告を B テレビ局と、テレビ局を分けても同日放送なら NG ［都庁 HP］
2）成分広告を本日、商品広告を明日と、日にちを分けても、同一新聞なら NG ［都庁 HP］
3）成分広告の付近から商品広告へのリンクがあるのは NG ［消費者庁 R4.12.5 通知］
4）成分広告バナーに誘導された成分広告サイトへのアクセス者に、商品広告サイトにリンクするリターゲティングを当てるのは NG（運用の推定）

5）効能をうたう成分広告に反応した資料請求者に商品サンプルを送るのはNG［消費者庁R4.12.5通知］

※［ ］内は出典

5）について、R4.12.5通知（健増法と景表法の指針となるべく令和4年12月5日に公表された留意事項）には次のように書いてあります（p.6）。「特定の食品や成分の健康保持増進効果等に関する広告等に記載された問合せ先に連絡した一般消費者に対し、特定の食品や成分の健康保持増進効果等に関する情報が掲載された冊子とともに、特定の商品に関する情報が掲載された冊子や当該商品の無料サンプルが提供されるなど、それら複数の広告等が一体となって当該商品自体の購入を誘引していると認められるとき」

　上記の通知は前述の「ブロリコ事件」がベースとなっており、この事件では成分効能資料と商品サンプルが「同日」に送られていました。そのため、ある程度期間をおけば必ずしもNGではないでしょう。「1週間」が1つの目安ではありますが、ほかのファクターも関係するので、最終的には薬事法ドットコム（YDC）の薬事チェックにご相談ください。

　さて、以上の知識では、本件はまだ解決しません。
　これに関係するのは、消費者庁R4.12.5通知の3番目の次の記述です。
「特定の食品や成分の名称を商品名やブランド名とすることなどにより、特定の食品や成分の健康保持増進効果等に関する広告等に接した一般消費者に特定の商品を想起させるような事情が認められるとき」

ざっくりした記述ですが、このベースにはM事件（行政指導）があると思われ、そこから本件の解決が得られます。この事件は、成分CMと商品CMを分けていても、名称が似たりCMのテイストが似たりしている場合は薬事法違反とする、というものですが、詳しいことは、YDCビジネステキスト「薬事を超える成分広告・技術広告・素材広告はどこまで可能なのか？＜2024年版＞」をご覧ください。

広告代理店社員も逮捕された「ステラ漢方事件」

　薬事法条文は「何人（なんぴと）も……してはならない」となっているところから、「何人も」規制といわれ、誰でもターゲットにできます。

　ちなみに、景表法は販売者しかターゲットにできないため、販売を行わないアフィリエイターやインスタグラマーは対象外となります。

　薬事法違反の体験談型捏造サイトで、販社（ステラ漢方）社員・広告代理店社員が逮捕されたのが「ステラ漢方事件」（2020年7月20日）です。

1）「ステラ漢方事件」のポイント

　捏造された体験談の中に薬事法違反表現があった。

2）逮捕者

　逮捕されたのは、ステラ漢方の従業員、広告代理業の㈱KMウェブコンサルティング社長のM容疑者ほか社員1人、同じく広告代理業でソウルドアウト㈱の委託先の制作会社1人の計6人。

Part 2

健増法

1. 健増法とはどういう法律なのか？

○ 健増法の歴史

　健康増進法（健増法）は、平成14年に厚労省所管の法律として
スタートしました。

　スタート後、平成16年7月にガイドラインが発令され、それは
健康食品（健食）販促に大きく関わるものでしたが、その中心は
いわゆる「バイブル商法」対策でした。

　その後、平成21年に所管が消費者庁に移管し、平成25年にガイ
ドライン「健康食品に関する景品表示法及び健康増進法上の留
意事項について」が公表されました。このあたりから、従前のバ
イブル商法対策の色は消え、消費者庁が健食について健康保持増
進効果の虚偽誇大表示が行われていないかを監視するための法律・
ガイドラインというように、色合いを変えました。

　平成25年版にはある種の穴が空いていたことなどから廃止され、

そして新版が平成28年に公表され、令和4年12月5日にその拡大版が登場し、現在はこれをもとに動いています。

○ 健増法の実際上の使われ方

1）食品（含む健食）について「健康保持増進効果」を述べていて、それに「根拠」がなければ虚偽誇大表示となり、健増法の対象となります。

2）1）の「根拠」はほとんど認めないので、健康保持増進効果を述べているとされれば通常違反となります。

3）結果、薬事法と同じような働きをしています。つまり、薬事法は、「体に対する具体的な効果」をうたっていれば、根拠の有無を問わず、うたっているだけで違反となります（言葉狩り）。

4）それゆえ、同じように言葉狩りをしている健増法は「ミニ薬事法」といえます。

2．健増法のパトロール

○ 健増法のワーニングメール

1）運用実績

消費者庁によるインターネット上における健康食品等の虚偽・誇大表示に対する要請の合計件数は以下の通りです（令和3年4月〜）。

	生鮮食品 （農作物）	加工食品 農産加工品、 畜産加工品、 水産加工品 等	飲料等 茶、コーヒー 及びココア 調製品、 飲料、酒類	いわゆる 健康食品 カプセル、 錠剤、 顆粒状等
令和3年4月〜6月	9	39	14	121
令和3年7月〜9月	6	58	20	145
令和3年10月〜12月	7	46	36	142
令和4年1月〜3月	0	10	25	82
令和4年4月〜6月	4	14	7	177
令和4年7月〜9月	2	36	39	130
令和4年10月〜12月	2	49	17	145
令和5年1月〜3月	2	43	16	105
令和5年4月〜6月	0	16	61	59
令和5年7月〜9月	1	26	25	103
合計	33	337	260	1209

【1】＝令和3年4月〜令和4年10月〜12月
【2】＝令和5年1月〜3月〜令和5年7月〜9月

2）ワーニングメールの事例

【1】が令和4年11月までのもの

【2】が令和4年12月からのもの

【1】には「修正しなければ厚労省に通告する」旨の記述がありましたが、【2】ではそれがなくなっています。消費者庁自らが解決するということで、消費者庁の権限がUPしたといえます。

【1】

消表対第■■号
令和■年■月■日

■■■■■■■■御中

消費者庁表示対策課長
（公印省略）

健康増進法第65条第1項に関するインターネット監視業務に係る
不適切広告等の改善について（要請）

　消費者庁においては、健康増進法（平成14年法律第103号）第65条第1項（誇大表示の禁止）の規定に関し、インターネットにおける監視業務を行っているところである。

　この程、令和4年1月から同年2月までに間、インターネットにおける虚偽誇大広告等の監視を行ったところ、貴社がインターネットショッピングモールサイト等に掲載する広告等について、同項の規定に違反するおそれのあるものが確認された。貴社においては、別紙内「違反のあるおそれのある主な表示」部分を中心に、修正又は削除等の改善策を講じるとともに、当該広告等のその他表現についても再度確認されたい。

　消費者庁では、これらの広告等について、2月28日（月）までに改善措置が講じられない場合、医薬品、医療機器等の品質、有効性及び安全性の確保等に関する法律（昭和35年法律第145号。以下「薬機法」という。）の規定に違反する疑いのある広告にあっては、厚生労働省薬機法担当部局に通告することとしている。また、その他のものについては、当庁において科学的根拠の評価や事情聴取等を行い、健康増進法又は不当景品類及び不当表示防止法（昭和37年法律第134号）の規定に基づく調査を開始することとしている。

　なお、当庁が指摘した以外の商品であっても、健康増進法第65条第1項の規定に違反するおそれのある広告等が再度確認された場合には、厳正に対処していくこととしているので、貴社が行なっている広告等全体の適正化を図られたい。

　当庁では引き続き、これらの広告等を監視していくことを付言する。

> 担当：消費者庁　表示対策課ヘルスケア表示指導室
> 　　　TEL　03-■■■■-■■■■（代表）
> 　　　■■、■■（内線：■■■■、■■■■）

【2】

食表対第■■号
令和■年■月■日

健康増進法第65条第1項に関する不適切表示の改善指導について

■■■■■■■殿

消費者庁表示対策課長
（公印省略）

　消費者庁は、貴社が一般消費者に販売する別紙の食品のインターネット上の広告表示について調査したところ、健康増進法（平成14年法律第103号）第65条第1項（誇大表示の禁止）の規定に違反するおそれのあるものが確認された。

　ついては、貴社においては、別紙の「違反のあるおそれのある主な表示」部分について、令和5年1月■日までに、修正又は削除等の改善策を行うとともに、今後、同種の商品で同様の表示を行わないように指導する。

　なお当庁では、引き続きこれらの広告表示を監視することとしているところ、改善にあたっては、「健康食品に関する景品表示法及び健康増進法上の留意事項について」（平成28年6月30日消費者庁公表※）を参照するとともに、相談等がある場合は、下記窓口まで連絡されたい。

　さらに、貴社の広告表示が、インターネットショッピングモールサイト等に掲載されている場合は、当該サイト等を運営するプラットフォーム提供者に対しても協力要請を行うこととしていることを申し添える。

※
https://www.■■■■■■■■■■■■■■■■■■■■■

> 担当：消費者庁　表示対策課ヘルスケア表示指導室
> 　　　TEL　03-■■■■-■■■■（代表）
> 　　　■■、■■（内線：■■■■、■■■■）

●消費者庁からの指摘は下のように示されます。

商品名	サイトアドレス	事業者名	事業者住所	違反のおそれのある主な表現
				以前の私は夏でも寒がり…エアコンがつらい。そんな私が今では！　寒さを感じず以前より元気になりました！
				からだの活性を高める栄養素がたっぷり入っているドリンクがスゴイと口コミで話題に！
				今は旦那が寒がっていても私はなんともないくらいです！アレだけ冷たかったのがうそみたいに！
				私たち「○○」で寒さが気にならなくなりました！とにかく寒さが気にならなくなったのは実感！（感想内容）
				体がどんよりして寒さにも弱かったのが、今は全然気になりません（感想内容）
				最近、こんなこと感じていませんか？体が重い感じがする、年中いつも寒さに弱い、元気がなくいつもどんより食事を楽しめない　朝からスッキリしない身体環境が乱れがち
				体の寒さがツライ毎日に…元気な毎日を取り戻しましょう。体感率87.6%一目瞭然のチカラ。あなたも実感してください。え!?　こんなに簡単に……！
				お手軽！　一口飲むだけで♪（以下、続く）

○ 公表処分

　違反に対する処分として、最も重いものは公表処分ですが、これまでにLION社の特定保健用食品（トクホ）広告1件しかありません（2016年3月1日）。

「パトロール→ワーニングメール→修正」というフローが、すっかり定着している感じがします。

公表処分された LION 社のトクホ広告

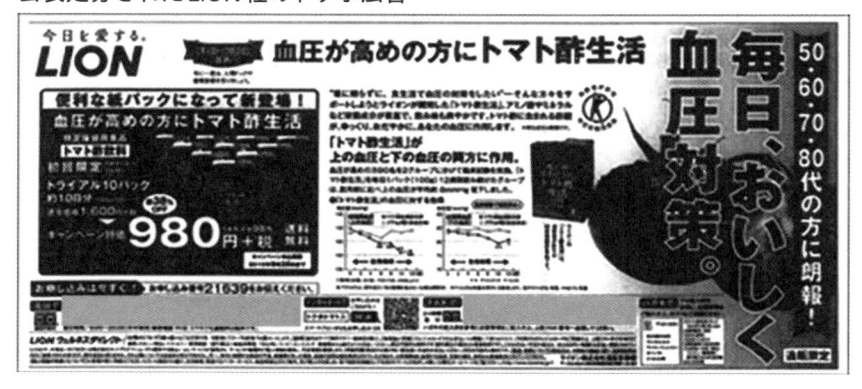

3．令和4.12.5留意事項

　1の「健増法とはどういう法律なのか？」で紹介した、令和4年12月5日の通知（R4通知）の要点を紹介していきます。

○ R4 通知　妊活

1）R4通知の「第2　本留意事項の対象とする『健康食品』」の
　　2の（3）には、次のような一文があります。

「健康保持増進効果等」を暗示的又は間接的に表現するもの

　例として、次ページのアがあげられています。

ア　名称又はキャッチフレーズにより表示するもの
例：「ほね元気」、「延命〇〇」、「妊活」、「腸活」、「快便食品（特許第〇〇〇号）」、「スリム〇〇」、「減脂〇〇」、「血糖下降茶」、「血液サラサラ」、「デトックス〇〇」、「カラダにたまった余分なものをスッキリ」

2）つまり「妊活」は、「腸活」と同じくNGワードになった、といえます。

　では、どうしたらよいでしょうか？
　薬事法上、特定時期の栄養補給表現はOKと考えられているので（次ページコラム参照）、下のように「注記」の形にすればよいでしょう。

「妊活*
　*妊娠時の栄養補給」

薬事法の効能訴求禁止 3 つの例外（ザバス・ケース）

「理想の筋肉のために」という表現は OK ？

Q

「ザバス」のパッケージには、「理想の筋肉のために」「引き締めたいカラダのために」との表記がありますが、これは OK なのですか？

A

1) 健食に関し、一切の効能訴求を封印した感のある 46 通知（あるものが医薬品に該当するか否かを判断すべく、昭和 46 年 6 月 1 日に厚生労働省＜当時、厚生省＞が発した通知）ですが、以下の 3 つの例外を認めています。

①「健康維持」「美容」などの抽象的表現
「『健康維持』、『美容』を目的とする趣旨の表現は、直ちに医薬品的な効能効果には該当しない。
（例）健康を保ちたい方に」
（「医薬品の範囲基準ガイドブック」〈46 通知の解説書〉P.137. イ）

②特定時期の栄養補給…「発育期、妊娠授乳期"等"」としているが、"等"があるので、この 2 つには限定されない
「特定時期の栄養補給については、正常状態でありながら通常の生理現象として特に栄養成分の需要が増大することが医学的、栄養学的に確認されている発育期、妊娠授乳期において、その栄養成分の補給ができる旨の表現は、直ちに医薬品的な効能効果には該当しない。」
（同ガイドブック P.134. イ）

③生体を構成する成分が商品の成分であることを示す表現
「具体的な作用を標ぼうせずに単に健康維持に重要であることを示す表現又はタンパク質、カルシウム等生体を構成する栄養素について構成成分であることを示す表現は、直ちに医薬品的な効能効果には該当しない。」
（同ガイドブックP.135〈2〉.イ）
※サントリーの“「軟骨成分」（軟骨の成分であるコンドロイチン）補給”が著名。

2）「理想の筋肉のために」は③のロジックで正当化できます。つまり、理想の筋肉を構成する成分＝プロテインがこの商品の成分であることを示している、といえます。

3）対し、「引き締めたいカラダのために」には、上記のロジックは使えず、疑問です。

Part 3

景表法

1.「パブロンマスク365」
　措置命令事件の深層

　回転寿司チェーン大手スシローが、テレビコマーシャルなどで宣伝していたウニやカニの期間限定寿司が、実際には全国の9割以上の店舗で販売していなかったことを受け、2022年6月9日、「おとり広告」に該当するとしてスシローを運営する株式会社あきんどスシローに対し、景表法に基づく措置命令が出されました。

　おとり広告とは、「実際には購入できない状態にもかかわらず、買えるかのような広告をして顧客を呼び寄せる広告」のことで、おとり広告は景表法の不当表示に該当します。

　措置命令が下されると、マスコミはそれを報道します。スシローは有名企業なので、多くのマスコミがこのニュースを大きく取り上げ、スシローを信頼していた消費者の不信感が募っていきました。

　この「不当表示」を争点として2019年から消費者庁と戦い続け

ているのが、製薬企業の大正製薬です。

　同社が販売している「パブロンマスク 365」の広告は、マスクに付着したウイルスや花粉アレルゲンが太陽光や室内光で分解され、除菌されると訴求しています。

　これに対し消費者庁は、「資料は提出されたが合理的なものとは認められなかった」として措置命令を下しました（2019年7月4日）。しかし、同社はこれに対して「提出した科学的根拠を全く無視した内容である」として、消費者庁の実験（措置命令を下すための判断材料とした消費者庁が独自に実施した試験――弁明の機会の際に消費者庁が説明したもの）を批判する異例のニュースリリース（https://www.taisho.co.jp/company/news/2019/20190712000133.html）を発表。スシローの行為は度を越しているので「当然の報い」といえますが、大正製薬の「パブロンマスク 365」の広告の場合は、「当然の報い」では総括できない側面があります。

　大正製薬事件の「悲劇」の原因と、消費者向け広告を展開する企業がこの「悲劇」から学ばなければならない「教訓」について考えてみたいと思います。

○ 景表法違反追及のフロー

　景表法ができたのは、1962年。2016年4月から、違反者はペナルティーを支払う課徴金制度が始まり、場合によっては10億円を超える巨額の課徴金が課されるようになりました。

　メディア報道による信用失墜も含め、企業が措置命令により受

ける打撃が大きくなっています。

消費者庁による景表法違反の追及フローとしては、まず、消費者庁であやしいと思われる広告に対して調査要求の手続が行われます。消費者庁が厳しく追及しなければならないと判断すると、広告表現の根拠を15日以内に提出するよう企業側に要求します（「合理的根拠の提出要求」と呼ばれる）。

その後、措置命令のドラフトを示した上で、書面ないし書面＆口頭で弁明せよと「弁明の機会」が与えられますが、措置命令が覆ることはまずなく、予定調和的に措置命令が下されます。

一般的に、消費者庁が下した措置命令や課徴金命令に対して争う場合、その方法は次の2通りあります。

1：消費者庁に不服を申し立てること。これを審査請求といいます（措置命令から3カ月以内）。

大正製薬はこのルートを選びましたが、詳しくは後述します。

2：裁判所に取消訴訟を提起すること（措置命令から6カ月以内）。

お茶のダイエット効果の訴求で措置命令を受けたティーライフ社などは、このルートを選んでいます。

○ 3年超続いた消費者庁と大正製薬の抗争

大正製薬の「パブロンマスク 365」広告に関しては、2019年1月15日に行われた消費者庁の合理的根拠の提出要求から、大正製薬の実質敗北が確定した2022年3月1日の第三者委員会の結論

まで、3年超の抗争が続きました（正確にはその後も続いています）。

　この抗争は紆余曲折があり、異例の展開となっています。

　第三者委員会の認定をベースとして、タイムラインを追ってみましょう。

　まずは第1幕。措置命令が下るまで。消費者庁がいったん下そうとした措置命令を書き改めるという異例の出来事がありました。

1）大正製薬は「パブロンマスク365」の広告にて、マスクに付いた「ウイルス」や「花粉アレルゲン」が「太陽光でも室内光でも」「分解され除菌されます」と訴求していた。

2）2019年1月15日消費者庁が大正製薬に1）の広告の合理的根拠の提出を要求し、同30日、大正製薬が提出。
同年3月5日弁明の機会付与通知（その際に、予定される措置命令の内容開示。その内容は、「資料は提出されたが合理的なものとは認められなかった」がテンプレートで本件もそうであったと思われる）。

3）同年3月19日大正製薬は弁明書を提出（そこでは詳細な根拠が示され、また、措置命令が下されれば、争う旨が記載されていたものと推察される）。

4）消費者庁は3月の措置命令ドラフトを書き改めて提示した上で弁明の機会を再設定し、同年6月7日に通知。6月17日に大正製薬弁明書提出。

5）4）の17日後の7月4日、消費者庁は大正製薬に措置命令を下した（テンプレート型）。

次に第2幕。措置命令の後、大正製薬は消費者庁が弁明の機会において示した実験を批判するプレスリリースを即座に行い、その後法的手段を取りますが、次のように、結局敗北に終わりました。

6）同年10月1日、大正製薬は消費者庁に不服申立（審査請求）。

7）不服申立を受けた消費者庁は措置命令に関わっていないものを「審理員」として選任。審理員は措置命令相当の意見書を提出（時期不明）。

8）2021年9月29日、消費者庁は諮問説明書を添付して総務省の第三者委員会に諮問。ここでの理由付は審理員意見書の理由付と異なっていた。

9）委員会は、5回審議（21年11/1、11/25、22年1/13、2/17、2/25）。

　　・消費者庁は2022年1月25日、資料提出

　　・2022年3月1日第三者委員会は、消費者庁の結論妥当と答申

　　・なお大正製薬には2021年10月11日に、反論があれば10月25日までに提出せよと通知するも、大正製薬は何ら提出せず（第三者委員会結論 P.10）

10）2022年3月1日、第三者委員会は措置命令が妥当との結論を示した。

○ 異例続きの展開

　以上のタイムラインから見て取れるように、消費者庁と大正製薬の抗争は次のように異例続きの展開となっています。

1）消費者庁はいったん2019年3月にドラフトしていた措置命令を書き改め、同年7月に下した。
2）2019年7月に措置命令を受けた大正製薬は同年10月に消費者庁に審査請求を行ったが、消費者庁が第三者委員会に諮問を行ったのは2021年9月で、約2年間も間が空いた。
3）審査請求が出ると消費者庁は措置命令を下した担当者とは別の担当者を審理員として選任し、その者が再審理を行うことになるが、その審理員の意見書と消費者庁が諮問を行う際に付けた説明書は、大正製薬の根拠を否定する理由が異なっていた。

　ちなみに、大正製薬が措置命令直後に行ったプレスリリースによると、弁明の機会において消費者庁が示した説明は、消費者庁がこのマスクにウイルスを付け48時間白色蛍光灯を照射しても二酸化炭素の放出は増えなかった（ウイルス等が分解されたら二酸化炭素が増えるという前提）、というものでした（このように消費者庁自ら実験を行い、その結果を弁明の機会において説明するというのも極めて異例）。
　対し、消費者庁が第三者委員会への諮問の際に示した説明は、大正製薬が行った試験は太陽光に匹敵する強さの光で、そこから

室内光での結果を計算により導いているが、そのような手法は一般的に認められているものではない、というもの。第三者委員会も大筋においてこの説明に従い、大正製薬の広告に合理的根拠はないものとする消費者庁の判断は正しい、と結論付けました。

　つまり、大正製薬「パブロンマスク 365」は、マスクに付着したウイルスや花粉アレルゲンが太陽光や室内光で分解され除菌されると訴求していたのに対し、消費者庁は当初、二酸化炭素に着目した試験を行った、しかし、それでは勝てないと見たのか、後に、大正製薬の試験方法に一般性がないというロジックに変更したのです。

○ 合理的根拠の不合理と企業が学ぶべきもの

　以上のような異例続きの展開がもたらした根本的な原因は、措置命令において合理的根拠を否定する理由がまったく示されないという点にあります。

　消費者庁の問題点については、第三者委員会の結論においても「なぜ本件提出資料を合理的根拠資料と認めなかったのかの理由が理解しやすく記載されているとはいい難く、そのような記載が具体的になかったことにより、審理手続の長期化を招いた面が否定できない。」と指摘されています。

　私が思うに、消費者庁のやり方は、「不実証広告規制」という建て付けに基づいています（2015年の法改正で導入された）。

これは、合理的根拠の提出要求が行われ企業が合理的根拠を提出できないと企業に措置命令が下されるという仕組みで、企業に合理的根拠の立証責任を負わせています。

この建て付けに立脚して消費者庁は「資料は提出されたが合理的なものとは認められなかった」と具体的な理由を示すことなく措置命令を下しました。

そしてこのことが「悲劇」の根本原因となっているのです。

その後、大正製薬は、措置命令の取消訴訟を提起しています。

2. 不実証広告規制：なぜ、だいにち堂は負けてインシップは勝ったのか？

インシップが販売する栄養補助食品「ノコギリヤシエキス」で、「中高年男性のスッキリしない悩みに！」などと訴求していた広告が優良誤認にあたるとして、適格消費者団体「消費者ネットおかやま」がその差し止めを求めた裁判。

これに対し、同団体が控訴。しかし、広島高裁も控訴を棄却し、インシップ勝訴とする判決を下しました（2023年12月7日判決）。

他方、だいにち堂の「アスタキサンチン　アイ＆アイ」に対する措置命令（2017年3月9日発令）については、どうだったのでしょうか。

インシップの「ノコギリヤシエキス」と同じく、「ようやく出会えたクリアでスッキリ!!」といったぼかし広告で大差ない感じですが、だいにち堂の「アスタキサンチン　アイ＆アイ」は措置

命令を受けました。

　だいにち堂は、総務省への審査請求でも負け、裁判所での取消訴訟でも負けています。

　さて、似たような広告にもかかわらず、真逆の結論になってしまったのはなぜでしょうか？

　それは、不実証広告規制があるかないかの違いです。

　つまり、通常は、優良誤認にあたる＝「根拠がない」と主張する側に立証責任があるのですが、不実証広告規制が適用されると企業側に「根拠がある」ことの立証責任があります。

　インシップのケースは前者のパターンに該当したため、消費者団体に、「根拠がない」ことの立証責任があります。

　しかし、裁判所は、「ノコギリヤシの頻尿改善効果を肯定する研究報告等も相当数見られるのであるから、ノコギリヤシに、少なくとも個人差のある一定程度の頻尿改善効果が認められる可能性は否定しきれない」、つまり、消費者団体の立証不十分ということで、消費者団体の負け、と判断しています。

　対し、だいにち堂のケースはどうだったのでしょうか。

　審査請求において総務省の第三者委員会は、「広告がシニア訴求なのに対し、エビデンスは20代30代を対象としており、広告とエビデンスが対応していない」などと指摘し、根拠不十分と判断されています。

3）異議を申し立てたが、総務省の第三者委員会において、次のように広告とエビデンスのミスマッチを指摘されています。

> ＊本件資料D2は、本件商品の含有成分であるアスタキサンチンに関し、本件資料D9は、本件商品の含有成分であるアントシアニンに関し、それぞれ人に対する効能を検証した試験結果である。
> しかしながら、本件資料 D2及びD9における試験に使用された上記成分と本件商品の含有成分の量が全く異なるものであること、本件資料 D2における試験対象者は平均年齢24.6歳の10名、本件資料 D9における試験対象者は平均年齢 32.6歳の20名であること等、摂取量、摂取者の年齢構成等の試験条件が本件商品の使用態様と大きく異なるものと認められ、これらの資料をもって、表示の裏付けとなる合理的な資料ということはできない。

　以上からすると、インシップのケースも消費者庁に追及され、不実証広告規制が適用された場合は、微妙だったかもしれません。

　結局、企業側の対応策（ディフェンス）としては次の2点が考えられます。

1）適格消費者団体に「優良誤認」を追及されても、先方に否定根拠があるのか、見極めればよい（そもそも、「優良誤認」が疑える相当の理由が示されていなければ、消費者団体が行う根拠提出要求に応じる必要はない　判決文）。

> 「適格消費者団体は、事業者のする表示が優良誤認表示に該当すると疑うに足りる「相当な理由」があるときは、事業者に対し、その「理由を示して」、表示の裏付けとなる合理的な根拠を示す資料を開示するよう要請することができるにすぎず、無条件に資料開示要請ができるわけではない」

２）消費者庁に、「優良誤認」を追及されたら、積極的に根拠を
　出していく必要がある。

3. 意味あり！「個人の感想にすぎません」

「消費者ネットおかやまVSインシップ」のケースは、学べることがたくさんあるだけでなく、高裁判決なのでそれなりの重みもあります。

　では一体、どんなことが学べるのでしょうか。

　１つの事例は、みなさまがよく使うコピー「個人の感想にすぎません」です。

　消費者庁の報告書では「打消し表示として全く意味がない」とされていますが、この事件ではそれなりの意味を持っています。

　つまり、この判決はこう述べています。

　したがって、前記１で引用した原判決のとおり、一般消費者が本件広告の表示から受ける印象や認識は、本件広告の抽象的な記載、「すべて個人の感想です。効果効能を保証するものではありません。」との記載（いわゆる打消し表示）等に照らすと、本件サプリにより一定程度の頻尿改善効果が得られる可能性がある、要するに、個人によっては効果があるかもしれないとの印象を生じさ

せるものにとどまるし、上記のとおり、本件サプリに一定程度の頻尿改善効果が認められる可能性を否定しきれないことからすると、一般消費者が本件広告の表示によって本件サプリの内容を誤認するとか、それによって顧客が誘引される程度に至っているということはできず、本件広告の表示が優良誤認表示に該当するとは認められない。

　ポイントを整理すると、次の3つになります。

1）優良誤認かどうかは、広告に見合う根拠があるか否かで判断される。よって、訴求が強ければ強いエビデンスが求められるが、訴求がさほど強くなければ、それなりのエビデンスで足りる。
2）本件には「すべて個人の感想です。効果効能を保証するものではありません。」との打消し表示があり、消費者は「個人によっては効果があるかもしれない」程度の期待しかしない。
3）ならば、エビデンスもその程度のもので足りる（本件で、その程度のエビデンスもないことを原告＝適格消費者団体は示していない）。

　ところで、打消し表示に関し消費者庁は次の2点をポイントとしています。（打消し表示に関する消費者庁報告書）

1）消費者は強調表示の「効きまっせ！」という訴求で認識を形

成する。

2）よって、「個人の感想にすぎません」と注記していても、消費者の認識は変わらない（打消せない）。

　しかし、この判決からすると、1）の強調表示が「中高年男性のスッキリしない悩み」といったボカシ訴求なら、あまり強い認識は形成されない（強い期待は抱かない）から、「個人の感想にすぎません」という注記でも打消し効果はある、と考えることができます。

　よって、今後の実務の方針としては──
（イ）「個人の感想にすぎません」という注記は付けたほうがよい。
（ロ）特に強調表示がボカシ訴求なら意味があるといえる。

4．人気No.1

　私は"「日本で唯一人」リーガルマーケティングを実践している"とPRしていますが、「リーガルマーケティング」を商標登録しているので、これで私が措置命令を受けることはないと思います。

　最近の措置命令事例を見ると、いずれも「No.1」をうたっていますが、「それは無理でしょう」というものばかりです。

しかし、消費者庁はだんだんとハードルを上げてきているので、こういう訴求をしたければ「エビデンスをどう取るか？」「どう訴求するか？」などをしっかり詰めておく必要があります。

さて、ここでは、ネット調査を基に行う「No.1訴求」について「人気のハトムギ化粧品第1位」の例を基に解説していきます。

第1のポイントは、そのNo.1が「ネット調査」で導けるものか否かです。

「家庭教師派遣事件（R2.9.14措置命令、埼玉県）」では、「第一志望合格満足度」をネット調査で導いていますが、ネットを見ても、第一志望合格で満足しているかはわからないのでここには無理があります。

対し、「ハトムギ化粧品人気No.1」なら商品イメージ・コンセプト、好感度とも捉えられるので、この訴求であればネット調査から導くことができます。

このように「何の」No.1というかは、非常に重要です。

第2のポイントは、パネル（回答者）です。

つまり、誰に選ばせるのか？　その数は？　という問題です。

行政がしばしば「統計的に客観的で、相当数のサンプル」と指摘する点です。

アットランダムに選んで、サンプル数が100（N100）以上（できればN300以上）ならOKでしょう。

通常、ネットリサーチの会社は多くのパネルを抱えているので、そういうところを活用すれば簡単にクリアできるでしょう。

第3のポイントは、比較対照です。

競合としてどこをどのように何社抽出するのか？　です。

「ハトムギ化粧品」を例にすると、ここでは「競合選定条件：主要9商品」としか記載がありません。

売上上位から選んだとか、検索上位から選んだなどの合理的理由が必要です。

5. 狙われる No.1 表示

昨今、No.1表示に対する措置命令が連発されています。

2024年2月27日からの10日間のうちに、なんと11社に対して措置命令が下されています。

No.1 表示に対し、最近出された措置命令

	命令年月日	会社	No.1の概要	リサーチ会社
1	2024/2/27	株式会社新日本エネックス	「No.1 JMR アフターフォローも充実の太陽光発電蓄電池販売」、「No.1 2022 JMR 安心して導入できる太陽光発電・蓄電池販売」、「No.1 2022 JMR 知人に紹介したい蓄電池販売」及び『『アフターフォローも充実の太陽光発電蓄電池販売』『安心して導入できる太陽光発電・蓄電池販売』『知人に紹介したい蓄電池販売』、の3部門でNo.1を取得しました!」等と表示	日本マーケティングリサーチ機構

2	2024/2/27	株式会社 安心頼ホーム	「蓄電池｜太陽光発電｜エコキュート｜電気温水器 九州エリア口コミ満足度No.1」、「信頼の3冠獲得 第1位」、「No.1 日本トレンドリサーチ 九州エリアの蓄電池 販売施工会社 口コミ満足度」、「No.1 日本トレンドリサーチ 九州エリアの太陽光発電 販売施工会社 口コミ満足度」及び「No.1 日本トレンドリサーチ 九州エリアのエコキュート・電気温水器 販売施工会社 口コミ満足度」等と表示	日本トレンドリサーチ
3	2024/2/29	フロンティアジャパン株式会社	「北海道エリア太陽光発電業者 満足度3冠達成」、「No.1 日本トレンドリサーチ 北海道エリア 太陽光発電業者 アフターサポート満足度」及び「No.1 日本トレンドリサーチ 北海道エリア 安心・信頼できる 太陽光発電業者」と表示	日本トレンドリサーチ
4	2024/3/1	エクスコムグローバル株式会社	「お客様満足度 No.1 海外Wi-Fiレンタル」、「海外旅行者が選ぶ No.1 海外Wi-Fiレンタル」及び「顧客対応満足度 No.1 海外Wi-Fiレンタル」と表示	ゼネラルリサーチ
5	2024/3/1	飯田グループホールディングス株式会社	「飯田グループの注文住宅が選ばれる理由」、「飯田グループは日本トレンドリサーチによる調査の結果、『土地情報が豊富な注文住宅会社』『高品質なのにローコストな注文住宅会社』『初めて住宅を建てる方におすすめの注文住宅会社』の3項目で満足度No.1を獲得しています。」、「土地情報が豊富な注文住宅会社 No.1」、「高品質なのにローコストな注文住宅会社 No.1」及び「初めて住宅を建てる方におすすめの注文住宅会社 No.1」と表示	日本トレンドリサーチ
6	2024/3/1	住宅情報館株式会社	「飯田グループの注文住宅は3項目で顧客満足度No.1」、「No.1 日本トレンドリサーチ 土地情報が豊富な注文住宅会社」、「No.1 日本トレンドリサーチ 高品質なのにローコストな注文住宅会社」及び「No.1 日本トレンドリサーチ 初めて住宅を建てる方におすすめの注文住宅会社」と表示	日本トレンドリサーチ
7	2024/3/1	一建設株式会社	「飯田グループは皆様に選ばれて3冠達成！」、「No.1 日本トレンドリサーチ 土地情報が豊富な注文住宅会社」、「No.1 日本トレンドリサーチ 高品質なのにローコストな注文住宅会社」及び「No.1 日本トレンドリサーチ 初めて住宅を建てる方におすすめの注文住宅会社」と表示	日本トレンドリサーチ
8	2024/3/1	株式会社飯田産業	「飯田グループは皆様に選ばれて3冠を達成いたしました！」、「No.1 日本トレンドリサーチ 土地情報が豊富な注文住宅会社」、「No.1 日本トレンドリサーチ 高品質なのにローコストな注文住宅会社」及び「No.1 日本トレンドリサーチ 初めて住宅を建てる方におすすめの注文住宅会社」と表示	日本トレンドリサーチ

9	2024/3/1	株式会社アーネストワン	「飯田グループは皆様に支えられて3つのNo.1を獲得しました。」、「No.1 日本トレンドリサーチ 土地情報が豊富な注文住宅会社」、「No.1 日本トレンドリサーチ 高品質なのにローコストな注文住宅会社」、「No.1 日本トレンドリサーチ 初めて住宅を建てる方におすすめの注文住宅会社」、「信頼の3冠獲得 第1位」及び「土地情報が豊富な注文住宅会社 高品質なのにローコストな注文住宅会社 初めて住宅を建てる方におすすめの注文住宅会社」と表示	日本トレンドリサーチ
10	2024/3/5	株式会社エスイーライフ	「エコでんちはおかげ様で家庭用蓄電池販売店 3冠 達成!」、「家庭用蓄電池購入後の保証・アフターサポート満足度 第1位」、「ネットで安心して蓄電池の購入ができるショップ 第1位」及び「家庭用蓄電池購入口コミ評判 第1位」と表示	日本トレンドリサーチ
11	2024/3/7	株式会社SCエージェント	「口コミ人気 No.1 蓄電池販売会社」、「アフターフォロー満足度 No.1 蓄電池販売会社」、「コストパフォーマンス満足度 No.1 蓄電池販売会社」「工事品質満足度 No.1 蓄電池販売会社」	日本トレンドリサーチ

　すべて、ウェブを見せてのアンケート調査を、体験済みの調査と見せかけているというもの。

　以前からこのパターンの措置命令はあり、その際のリサーチ会社としては「日本マーケティングリサーチ機構」が目立っていましたが、最近は「日本トレンドリサーチ」が目立っています。

　いずれにせよ、措置命令を受けるのは「リサーチ会社」ではなく「依頼した会社」です。

6. 楽天ランキング1位でNG!?

　処分の嵐となっている No.1 表示ですが、消費者庁はついに楽天ランキングも含め実態調査を始めるそうです（出典：日本ネット経済新聞2024年3月22日付）。

　消費者庁は、No.1 表示に関して一気に基準を上げてきた感じがします。

　要点は以下の通り。

1)　今回の報道に示されている消費者庁の考え方は、従来の「イメージ調査で評価できないものについて、イメージ調査でNo.1 を付与しているものはNG」ということに加えて、「恣意的な統計手法＝統計学的に許容されない手法に基づいてNo.1 を付与しているものもNG」とする、ということ。

2)　「恣意的な統計手法」の典型例は、不自然な絞り方＝必然性のない絞り方。楽天でいうと次のようなものは「恣意的」だと思います。
　　イ．20分くらいで絞る「リアルタイムランキング」
　　ロ．「25〜39個」のように個数で絞る

3)　楽天は細かい手法を開示していませんが、だからといって、出店企業がそれで免責されるわけではありません。景表法の

責任を負うのはあくまでも出店企業です。「そういうところは使わなければよい」というのが消費者庁の考え方です。

4）「恣意的な統計手法」には、ほかに次のようなものもあります。
　イ．対照の抽出方法。10社で比較するなら、ほか9社の抽出に合理性が必要です。売上順など。
　ロ．「40代男性」など、条件を重ねていく手法（クロス集計と呼ばれます）も、不自然な条件の重ねはNGとされるでしょう。

7．No.1表示の現在地（1）

　No.1表示に対する措置命令・業務停止処分が飛び交う中、一般社団法人日本マーケティング・リサーチ協会（JMRA）は、「消費者庁が不当な「No.1」表示を次々に行政処分」という記事をアップしました。

　この記事は具体的基準を示したというよりも、精神論（倫理的指針）を示したという感じですが、リサーチ会社の中には、日本トレンドリサーチのように、No.1調査から撤退する会社も出始めているようです。

　JMRAはこれまでにもいくつかガイドラインを出していますが、あまり具体的基準は示していません。

　ただ、「比較広告のための調査実施の手引き」（2022年5月26日）

の中には、「満足度調査」に関し、次のような具体的記述があります。

「たとえば、統計的な精度保証を担保できるサンプルサイズ（400ss以上が望ましい）で実施し、かつ2位以下の商品・サービスとの間に統計的に有意な差が認められるかどうかを検定する。また、％やスコアの順位だけでなく、数値の絶対値の持つ意味を正しく評価し、消費者にとって優良誤認とならないように努める。例えば、ある商品に満足している人の割合が20％に満たないにもかかわらず、当該商品の比較広告で満足度No.1を表記することは、優良誤認に該当する可能性がある」

　つまり、1）サンプルサイズ400以上、2）1位と2位の間に有意な差がある、3）1位の割合は20％以上。
　対し、民間会社である日本マーケティングリサーチ機構（JMRO）は、サンプル数算出方法をホームページで示しています。

サンプル数算出方法
母集団人数÷（（（要求精度÷係数）＾2）＊（（母集団人数-1）/（0.5＊（1-0.5）））＋1）

　それでは、両者を比較検討してみましょう。

1）サンプルサイズ

JMROは誤差の最大値を10%としていますが、この設定でいくとサンプルサイズは100になります（信頼度95%）。
JMRAのss400だと誤差は5%以下となりますが（統計マーケティング研究所の早見表）、現在の消費者庁はそこまでの厳格さを求めていないので、100でよいと思います。

なお、JMROが設定している「信頼率：95%」は「P > 0.05」と同じことで「95%の確からしさ」を担保します。「係数：1.96」は信頼区間を95%にするもので（標準誤差 × 1.96）、この範囲なら「95%の確からしさ」が担保されますが、結論的にはサンプルサイズ100でよい、つまり、アンケートを受ける相手は100人いればよいと思います。

2）1位と2位の差

JMRAは統計的な有意差（P < 0.05）を必要とするのに対し、JMROは5%以上の差があればよい、としています。この点も現在の消費者庁はそこまでの厳格さを求めていないので、5%以上の差があればよいと思います。

3）1位の割合

JMRAは20%以上が望ましいとされていますが、この点も現在の消費者庁はそこまでの厳格さを求めていないので、10%以上の割合でよいと思います。

いかがでしたか？

「現在の消費者庁の考え方」は、私が具体的案件で消費者庁とやり取りして得ている肌感覚によるものです。次項で具体例を説明します。

8．No.1表示の現在地（2）

前項では、No.1表示に関し、JMRAとJMROの基準を比較検討し、現在の消費者庁の考え方からするとほぼJMROの基準でよい、ということを説明しました。

ここでは、イメージ調査に基づきJMROがNo.1を付与している例について検討してみたいと思います。

1）「調査方法：各商品のパッケージを見て販売数量比9製品と
　　比較、n150」
　販売数量から比較対照を選ぶのは合理的です。無作為抽出でn100以上なら誤差率10％以下なので、n150も合理的です。
　比較対照は、4社でもよいと思います。

2）「競合2位との差は5％以上」
　2位との差は有意差がある（$P < 0.05$）ことが望ましいですが、「5％以上」という基準でもよいと思います。

3）「本調査は個人のブランドに対するイメージをもとにアンケートを実施し集計しております。本ブランドの利用有無は聴取しておりません。効果効能等や優位性を保証するものではございません」

これは「打消し表示」に該当する記述です。

現在の消費者庁の考え方からすると、

イ．満足度のようにイメージ調査で評価することに無理があるものについてイメージ調査でNo.1を付与するのは不可（アンケート調査を行うなら「実際に利用したことがある者」または「知見等を有する者」を対象として行うことが必要）

ロ．以上は「打消し表示」があっても覆せない

ハ．イ．のハードルは高く考える

といった感じなので、この記述をもってよしとする、ということにはなりません。

9．日本初

パジャマについて、「温熱パック」を医療機器登録して「疲労回復」を訴求するという手法は、すったもんだの末、「家庭用遠赤外線血行促進用衣」という新しい医療機器カテゴリーを誕生させ、「家庭用遠赤外線血行促進用衣」として医療機器登録すれば「疲労回復」が適法にうたえることになりました――。

ただ、「家庭用遠赤外線血行促進用衣」として登録する基準がとても高く、実現は困難と見られていました。

しかし、YDCはこの仕事（タスク）を山本化学工業から受託し、同社がスポーツウェアのメディカルシンセンサーを「家庭用遠赤外線血行促進用衣」として医療機器登録し、「疲労回復」「血行促進」を訴求することを2023年3月に早々と実現させました。これは、「日本初」の快挙でした。

またYDCでは、「再生医療」にも積極的に取り組んでおり、そちらでも「日本初」の実現をサポートしています。
神宮外苑ウーマンライフクリニックが月経血由来の幹細胞で不妊治療を行う計画で、2023年6月16日、厚労省に受理されました。これも「日本初」の快挙でした。

10. 世界初

ある新聞に、「世界初」を強烈に訴求している全面広告（バスクリン社「髪姫」）が出ていました。その注には下記のように書いてあります。

●●●●●にて、世界で初めて毛包・毛髪強化に関わる3つのタンパク質を同時に増加させ

ることを確認。（2015年 一般財団法人日本臨床試験協会調べ）

　実は、この全面広告は、YDCが手がけたものです。

　特許やINCI（化粧品成分の国際的名称の登録制度）のような制度がない領域で、「世界初」「日本初」をうたう場合には、エビデンス作りをどうするか？　という問題に直面します。
　そういう場合、YDCでは2つのことを行っています。

1）　行政がどういう判断基準を立てているのかを調査する
2）　その判断基準に適うやり方を専門家とともに考える

　2）の専門家は、医療統計や統計学の専門家ですが、なかなか得がたい人材と私どもはつながっています。

アフィリエイトとインスタグラム

1. これまでのアフィリエイトの規制

アフィリエイターの規制

　アフィリエイターが、景表法の責任を負う必要がないことは、2016年6月30日発「健康食品に関する景品表示法及び健康増進法上の留意事項について」で明言されています。これは、2022年の改定（R4.12.5）でも変わっていません。

　たとえ、アフィリエイターにアフィリエイトサイトの内容を任せていたとしても、そこに虚偽誇大があれば、景表法の責任はアフィリエイターではなく広告主が負うことになるのです。

「近年、広告主がインターネットを用いた広告手法の一つであるアフィリエイトプログラムを用いることによって、アフィリエイターが、アフィリエイトサイトにおいて、広告主の販売する健康食品について虚偽誇大表示等に当たる内容を掲載することがある。このようなアフィリエイトサイト上の表示について、広告主がその表示内容を具体的に認識していない場合であっても、広告主自らが表示内容を決定することができるにもかかわらず他の者であるアフィリエイターに表示内容の決定を委ねている場合など、表示内容の決定に関与したと評価される場合には、広告主は景品表示法及び健康増進法上の措置を受けるべき事業者に当たる。アフィリエイターやアフィリエイトサービスプロバイダーは、アフィリエイトプログラムの対象となる広告主の商品を自ら供給する者ではないため、景品表示法上の措置を受けるべき事業者には当たらない。」

消費者庁2022年12月5日通知
「健康食品に関する景品表示法及び健康増進法上の留意事項について」（概要）

広告主への追及

虚偽誇大のアフィリエイトサイトが原因となって、広告主が措置命令を受けた事件は、これまでに9件あります。誰がアフィリエイターなのかは通常わかりませんが、5のDYM事件ではたどれるようになっています。

	事件	措置命令日
1	ブレインハーツ	2018. 6.15
2	ニコリオ	2020. 3.31
3	ブブカ	2021. 3. 3
4	アクガレージ	2021.11. 9
5	DYM	2022. 4.27
6	ハハハラボ	2023.12.19
7	バウムクーヘン	2023. 6.14
8	ヘルスアップ	2024. 3.27
9	ニコリオ	2024. 3.27

消費者安全法（消安法）に基づき、体験談型捏造アフィリエイトサイトに関し、広告主が公表された事件が1件あります。
対象となったのは、リベイロが販売する「エゴイプセビライズ」とシズカニューヨークが販売する「シズカゲル」という化粧品の広告です。
この2つの化粧品について体験談を捏造していたアフィリエイターのサイトは、ドメインを公表されていますが、いずれも広告主が積極的に関与していました。
しかし、水面下では年商100億円規模の事例につき、違法アフィリエイトサイトの放置という消極的関与でも、広告主が責任追及された事件もあります。

ASP（アプリケーションサービスプロバイダー）への追及

水面下では、虚偽誇大のアフィリエイトサイトが原因となって、消安法に基づき、ASPが調査を受けた事例もあります。ASPとは、アフィリエイターを束ねてアフィリエイターに仕事を回し報酬を支払う仲介者です。

また、2021年初め、アフィリエイトサイトが原因となり、「何人も」規制である薬事法違反を理由として、大阪府警がASPのオフィスを家宅捜索した事例もあります。

広告代理店への追及

正確にはアフィリエイトの事件ではなく、サテライトサイト（メインサイトのSEO対策や閲覧者増加を目的として立ち上げたサイトのこと）の事件になりますが、捏造された体験談の内容が薬事法違反であったサイト制作を理由として、販社であるステラ漢方の社員のみならず広告代理店であるソウルドアウトの社員も逮捕されたケースもあります（前述。第1部 part1 Column）。

2. これまでのインスタグラムの規制

インスタグラムも絡む措置命令としては、2021年11月9日措置命令の「アクガレージ事件」があります。
2021年11月9日の措置命令において、インスタグラマーのアカウントの景表法上の責任を販売者が負わされました。
このアカウントは商品を出し、「バストアップサプリです」と紹介していましたが、まったく根拠のないものでした。

これにより、インスタグラムの場合、「#商品名」で商品アカウントが出てくる場合は、両者は一体と見られることが明らかとなりました（ほかには、アフィリエイトサイトから広告主サイトへのリンクがある場合も両者は一体と見られます）。

3. これまでの規制のまとめと今後の予測

アフィリエイト

1）刑事事件
刑事事件は「何人も」の薬事法でいくので、誰でもターゲットになりうる。ただ、最近はあまり動きがない。

2）アフィリエイター
（1）「景表法上の責任なし」に変わりはない。健増法で攻めることは可能なものの、実行する気配なし。
（2）DYM事件以降、ドメイン名やアフィリエイター名がたどれる公表はない。

3）ASP・広告代理店
実行する気配なし。

インスタグラム

1）インスタグラマー
該当商品を販売していない以上「景表法上の責任なし」。また、健増法を実行する気配もなし。

2）販売主

（1）インスタグラマーの「#商品名」をクリックした際、販売主のアカウントがトップに出てこないケースで、販売主の責任を問うのは難しいと思う。

（2）販売主かアフィリエイターが、インスタグラムの画像をLP（ランディングページ）に貼り付けているケースの追求は増えていくだろう。

【参照】インスタ画像を貼り付けていたアフィリエイターに対する追及の事例

「画像第5号から第7号において、○○（商品名）を使用したSNSのユーザーが投稿した『30代に見られるようになりました！』、『20代のときよりきれいなお肌になれました』などのコメントと共に、○○の効果・性能を示す画像が表示され、また、『30日間モニター調査結果 使用感満足度100％』などと、○○に係るモニター調査の結果、使用満足度が100％であった旨表示されていますが、当該コメント及び画像の根拠（モニターの住所、氏名、生年月日、連絡先など）並びに当該モニター調査結果の詳細（調査の時期、対象者数、モニターへの設問内容など）を御教示ください。△△（販売者名）。または委託先から当該表示の根拠を示されている場合には、当該資料を添付してください。根拠を示されずに当該表示をしている場合には、その理由を御教示ください。」

こうして、インスタグラマーの住所、氏名、生年月日、連絡先などが把握され、次はそのインスタグラマーが「あのコメントは自作か？」「本当にそうなのか？」といった追及を受けます（なお、文中の「委託先」とはASPのことで、ASPも追及を受けます）。

規制をクリアするプロダクト

—— サプリメント・機能性表示食品・
化粧品・部外品・ウェア・
雑品・健康機器 ——

Introduction

イントロダクション

　第2部では、製品カテゴリーごとに、どういう規制・ルールがあるのか、その中でどういうリーガルマーケティングが展開されているのかを、さまざまな実例をあげながら解説していきます。

1．サプリメント

　これまでよく使われてきた「妊活」ワードの使い方、江崎グリコの「タンサ」の広告、明治の「ヨーグルト」の広告、森永製菓の「集中したい時に」などを扱います。

2．機能性表示食品

　ドラマチックな展開となった免疫表示を中心に扱います。消費者庁は、2015年4月の制度開始以来ずっと「免疫表示」を認めませんでしたが、2020年8月にキリンがこの受理に成功しました。そこには、官邸から発出される「健康医療戦略」を巧みに用いるなど、周到な戦略がありました。

　ところが、その後、なかなか後続が出てきませんでした。機能性表示に関し影響力がある民間団体から受理のための指針も示されましたが、消費者庁はそれに従った届出をまったく認めず、私が示した方向性に沿ったアサヒの届出がようやく2022年12月に受理されるなど、情報戦の側面もあります。

3．化粧品

　強力な業界団体で行政以上に厳しいガイドラインを制定する粧工連（化粧品工業連合会）、DHCの「スーパーコラーゲン」などの名称戦略、ロート製薬の「ワキガ対策クリーム」などを紹介していきます。

4．育毛剤

　育毛剤は継続率が高くLTV（顧客生涯価値、実際には１年でどれくらい資本投下されるか）が高い商品といわれ、その分、参入も多い商品です。カテゴリーとしては薬用化粧品ではないので、「頭皮にハリを与える」など化粧品的効果をストレートに訴求することはできません。

　ではどうしたらよいかというと、作用機序戦略とでも呼ぶべき戦略が重要となります。また、これに絡んで私がサポートし大ヒットした、女性のための育毛剤の「リリィジュ」に関するエピソードも扱います。

5．部外品

　コロナ禍でニーズを高めた手指消毒剤。「部外品で特定の菌名・ウイルス名は訴求できない」がルールでしたが、一定の条件下でこれに対する例外が認められることになり、SARAYAなどは、容器にシールを貼って、「新型コロナウイルスへの効果が確認されています」とPRしています。ほかに、育毛剤と同様の作用機序戦略も紹介しています。

６．ウェア・雑品

　機能性マットレス「トゥルースリーパー」は、私が考案したリーガルマーケティングのヒット事例の１つです。

「肩や腰が痛くならない！」という訴求によって大ヒットに結び付きましたが、もし、「肩や腰の痛みが取れる！」という訴求にしてしまったら、「体の具体的変化」をうたっていることになり、薬事法違反となってしまいます。

　大ヒットへの道筋を作った「肩や腰が痛くならない！」というフレーズは、「ネガティブなしのロジック」で「体の具体的変化」をうたっていないので、薬事法違反にならないのです。私が「トゥルースリーパー」で練り上げた、マットレスで「肩や腰の痛み」への訴求は、かなり画期的なものだったので、当時は大きな反響を呼びました。

７．健康機器

　血中酸素濃度などを健康管理目的で示すのはNGだが、運動管理目的で示すのはNGではない、という規制の落着点。そして、現在のがんの状態を示すのはNGだが、将来のがんのリスクを示すのはNGではない、という考え方に立脚した、「N-NOSE」やその応用などを解説します。

サプリメント

1. 妊活

　私の前著『景表法を制する者はECビジネスを制する』（ダイヤモンド社）の中では、令和4年12月5日消費者庁発「健康食品に関する景品表示法及び健康増進法上の留意事項について」も取り上げていますが、その中の重要トピックの1つに、「妊活」が「腸活」と並んでNGになった、ということがあります（本書の第1部でも取り上げました）。そんなサプリメント（サプリ）と妊娠に関わるQ&Aを紹介します。

　当社のサプリに関し、妊娠に絡んだ表現がどこまで可能か教えてください。
（あ）産前産後の栄養補給に
（い）妊娠中毒を感じたときの栄養補給に
（う）妊娠のための栄養補給に
（え）妊娠に備えた栄養補給に

1）「栄養補給」表現の基本的な考え方

（1）「特定時の栄養補給」という表現はOK。

（たとえば、成長期のお子さまの「栄養補給に」はOK）。

ただし、その「特定時」が病気に絡むものは、病気に対する効果を明示することになるのでNG。

（2）栄養補給をすることにより妊娠に役立つような表現は、体の具体的変化を示すことになるのでNG。

2）（あ）について

単なる「特定時」なのでOK。

3）（い）について

「特定時」が病気に絡んでいるのでNG。

4）（う）について

栄養補給をすることにより妊娠に役立つニュアンスがあるのでNG。

5）（え）について

栄養補給をすることにより妊娠に役立つニュアンスまではないのでOK。

2.「タンサ」はOK？

　私が考案し、2012年に開始（ローンチ）した「代替表現集」。薬事NGをOKに言い換えるコツや考え方を説明したものですが、大変好評だったので毎年更新することにし、さらに、2023年からは「健食・化粧品・部外品」と「健康美容器具・医療機器」に分けています（YDCテキストサイトをご覧ください）。

　そんな代替表現集の中には、"「成分Aが体内でBを生み出す」という表現は薬事NG"といった説明があります。

　このルールは昔からあるもので、それゆえ、「Aが善玉菌を生み出す」ではなく、「Aは善玉菌のエサになる」という表現が使われてきました。

　ところが、江崎グリコの「BifiXヨーグルト」のホームページでは、「タンサでカラダ軽やかに」「タンサ（短鎖）脂肪酸を生み出す」などと訴求していますが、これはOKなのでしょうか？

　この訴求をOKにする1つのソリューションは、これを「ビトロの話」、つまり体内の話ではなく、試験管内の話というロジックにすることです。

　実際、このホームページには、BifiXヨーグルトが一般のヨーグルトよりも短鎖脂肪酸の産生力が高いことを示すデータが、ビトロ（試験管内試験）のデータとして紹介されています。

> 【試験概要】
> 慶應義塾大学先端生命科学研究所特任教授/株式会社メタジェン代表取締役社長CEO 福田真嗣氏監 修のもと帝人株式会社が実施。
> ヒトの腸内に近い環境を人工的につくり出した装置「in vitro 腸内細菌培養モデル」に、乳酸菌のみのヨーグルト(自社サンプル)と、グリコ独自のビフィズス菌と食物繊維イヌリンを配合したヨーグルトを添加し、48時間培養。

「48時間培養」と記述し、一種の打消し表示をここで行っているわけですが、さほど目立たず少々不十分だと思います。

3. ヨーグルトの広告表現

ここでは、明治のヨーグルトの広告表現に関するQ&Aを紹介します。

Q

明治のヨーグルト「野菜と一緒にのむヨーグルト」のパッケージには、「野菜の栄養吸収を上手にサポートする乳酸菌使用」と書いてあります。

対し、YDCの「健食・化粧品・部外品 代替表現集＜2024年版＞」には次のようなQ&Aあります。

Q：乳酸菌などの腸内細菌は体内で酵素の材料になるのですが、乳酸菌飲料で「乳酸菌を摂って、酵素を増やそう」という広告表

現をしたいと考えています。難しいでしょうか？

A：NGです。

　体内で、ある成分が別の成分に作用する旨の表現はできません。

　たとえば、Aという成分がBという成分を「増やす」や「生み出す」「強化する」といった表現をはじめ、「Aという成分がBという成分の吸収をよくする」もNGです。行政は、複数の成分の「相乗効果」という表現さえNGとしています。

「乳酸菌は酵素と相性がよい」や「2つの成分が助け合う」くらいがギリギリだと思います。

　この回答からすると、明治のヨーグルトのコピーはNGではないでしょうか？

「A成分がB成分の吸収を高める」という訴求は、機能性表示食品の領域となっています。そのため、これを食品や一般健食でうたうことはできません。

　しかし、明治のパッケージは「野菜の栄養吸収をサポート」というアバウトな書き方になっています。これなら必ずしもNGとはいえません。

4.「集中」はどこまで可能？

　ロッテのガム「眠気スッキリ！　BLACK★BLACK」は私の愛用品で、訴求通り、仕事中眠くなったときに「クチャクチャ」噛んでいます。

　「強刺激で眠気を抑える」というロジックなので物理的効果であり、薬事的にも問題ありません。

　「集中」に関しても、いろいろな訴求品があります。
　たとえば、森永製菓の「大粒ラムネ」は「集中したい時に！」と訴求し、ポッカサッポロの「がぶ飲みブドウ糖ソーダ」は、「集中力スイッチON」と訴求しています。

　しかし、これらはNGだと思います。
　第1に、「集中」や「集中力」は物理的効果では説明できないと思いますし、第2に、「集中力」は機能性表示で可能な訴求ポイントとなっており、機能性表示ともバッティングします。

　以上からすると、「集中」や「集中力」を訴求したければ機能性表示で、ということになります。

Part 2

機能性表示食品

1．機能性表示の現在状況

　ここでは、機能性表示に関する内容を2つ紹介していきます。

　第1は、疾病ゾーンの捉え方です。

　機能性表示において疾病ゾーンがターゲットにできないことは、ご存じの通りです。

　ただし、みなさまは疾病ゾーンなのか否かを「医学的ロジック」のみで判断しようとしますが、十分ではありません。

　たとえば、「寝つきの改善」。

　これは2017年5月頃までは非疾病ゾーンと消費者庁は判断していましたが、今は疾病ゾーンと判断しています。

　疾病ゾーンなのか否かが「医学的ロジック」だけで決まるとしたらこんなことはありえません。「プラスアルファ」の判断基準があるのです（その後、再び「寝つき」を容認）。

　「免疫表示」も同様です。

こちらは、2020年３月頃までは、免疫疾病は疾病ゾーンと判断していましたが、今では条件付きで非疾病ゾーンと判断しています。

　この現象も「医学的ロジック」以外に「プラスアルファ」の判断基準があることを示しています。

　私は、この「プラスアルファ」がどういうもので、それをクリアするにはどうしたらよいのか？　をだいたい掌握しています。

　そのため私は、"「免疫表示」に関して、キリンに続き後２社が寸前まで来ている"と、2020年８月２日配信のメルマガ機能性表示水面下情報に書くことができたのです。

　なお、私はその２社がアサヒとキユーピーであることも掌握しており、メルマガではそういう情報提供も行っていましたが、それが事実であったことは、22年12月にアサヒが受理され23年４月にキユーピーが受理されたことにより証明されました。

2．機能性表示は情報力が勝負

　これまで私は、ずっと「機能性表示は情報力が勝負」と言い続けています。

　言外には「私の情報に従えばその情報戦に勝てる」という意味があります。そのことを実証したのが「免疫表示」でした。

キリンの「免疫表示」が2020年8月に受理された後、「NK細胞の活性化など個々の免疫細胞の活性化でも受理される」という主張（A）も公表されましたが、私は、「そのロジックを消費者庁は認めるつもりはない。免疫の司令塔を活性化するロジックで、かつ、そのエビデンスと同一被験者の体調アンケートにおいて群間有意差が示されることが必要」と主張（B）し続けました。

　一方、アサヒはこの主張に沿って「免疫表示」の届出を行い、約1年前に受理され、今や免疫訴求食品マーケットにおいてキリンと互角の展開をしています。
　アサヒは、最初は主張（A）に沿ったエビデンス作りをしていたので、途中から私の主張（B）に路線変更する必要がありましたが、そこは主張（A）に沿った研究で、「薬理と治療」収載の論文に関し、その論文の「訂正」を「薬理と治療」に収載して軌道修正するという高等戦術を展開されています。

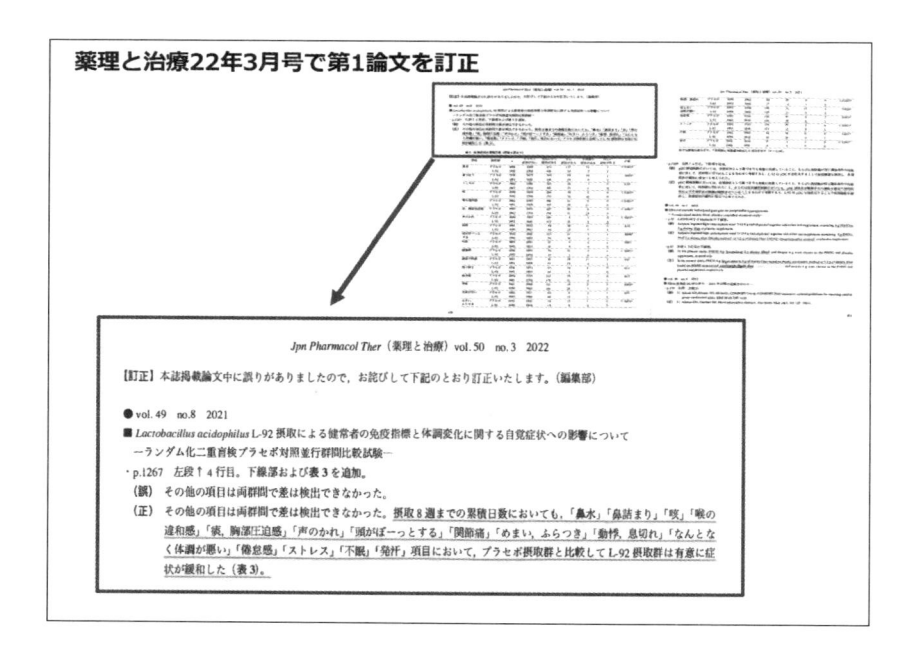

この、試験をやり直すのではなく、従前の論文を訂正して済ますというコスト＆タイムカットの高等戦術も、従来から私が提唱していた手法に沿ったものでした。

3.「形式審査」の壁を越える

機能性表示で成功するためには、科学的な詰め、論理的な詰めが必要条件として必要です。しかし、それだけでは十分でなく、「戦略」が十分条件として必要です。

その「戦略」を考える際にとても厄介なのが、「機能性表示＝形式審査」という制度の建て付けです。

特定保健用食品（トクホ）のような許可制なら、「不許可処分」の取消しを訴訟で求めるという「戦略」も可能ですが、「形式審査」だとファイナルアンサーを出さないので争いようがありません。

真に「形式審査」ならそれでもよいのですが、実態はご存じの通りでとても細かく、かつ、ディープにチェックしてきます。

では、どうしたらよいのでしょうか？　その1つの解決手法を次に紹介します。

4. 「健康医療戦略」を使う

2024年1月27日号の『健康産業速報』は、キリンの「プラズマ乳酸菌」シリーズの2023年販売金額が200億円に達したことを伝えていました。

「キリンは、『プラズマ乳酸菌』シリーズの2023年の年間販売金額が前年比約4割増となり、目標額の200億円を達成したと発表した」

2020年8月の「iMUSE（イミューズ）」における免疫表示受理がここに至っているわけで、キリンはこのプロジェクトで大きな成功を収めたといえます。

ところで、私は以前から、キリンのこの成功に大きく寄与したのが、2020年3月30日に内閣府 健康・医療戦略推進本部が発出した「健康医療戦略」であったと主張しています。

　そして、私の論文（「機能性表示食品における免疫表示」、先端医療と健康美容 2022年第9巻第1号）に、こう書いています。

「ところがその後、2020年3月27日に、内閣官房健康・医療戦略推進本部がまとめた『健康医療戦略』が閣議決定され、3月30日に公示された。そこには、『食品の機能性等を表示できる制度を適切に運用するとともに、機能性表示食品等について科学的知見の蓄積を進め、免疫機能の改善などを通じた保健用途における新たな表示を実現することを目指す』ことが明記されていた。該当部分の末尾には『(◎消費、厚、農、経)』と記されており、『消費者庁は、厚労省・農水省・経産省の協力を得て機能性表示食品において免疫表示実現を目指せ』という官邸からのお達しとなっている。これが免疫表示の実現に向けた大きな追い風となり、KIRIN社はその後程なく届出（ないし再届出）を行い、8月7日の受理に至ったものと思われる（経産省でも動きがあったようだが、こちらは中断したものと思われる）。なお、当時、厚労省から同本部に大坪寛子氏が次長として出向していた。また、同本部は非常勤職員を民間から受け入れているが、令和2年度の派遣元は、㈱大塚製薬工場、小野薬品工業㈱、オリンパス㈱、協和発酵キリン㈱、コニカミノルタ㈱、住友製薬㈱、第一三共㈱、㈱タニタ、

中外製薬㈱、豊田通商㈱、㈱日立製作所、三井住友海上火災保険㈱、慶應義塾大学、だった。」

　これはかなりの高等戦略で、これを成し遂げたキリンの実践力には唸るものがあります。

●参考

キリンの「免疫表示」タイムライン

2020.3

健康・医療戦略

「食品の機能性等を表示できる制度を適切に運用するとともに、機能性表示食品等について科学的知見の蓄積を進め、免疫機能の改善などを通じた保健用途における新たな表示を表現することを目指す」

2020.8

キリン　免疫表示受理

Part 3

化粧品

1. 粧工連は行政より厳しい

　YDCのビジネステキストに収録されている「『広告の実際』完全ガイドブック」は、ご好評をいただいております。

　このテキストの目玉は、2つあります。

(1) 実質厚労省が刊行したものの廃版となってしまった「広告の実際」（2006年版）をアップデートしつつ解説している

(2) 粧工連の広告ガイドラインを解説している

　（2）に関しては、行政発の「医薬品等適正広告基準」と比較しつつ、粧工連版がより厳しい場合には、「その趣旨」も解説しています。

　たとえば、「医薬品等適正広告基準」[10]では、医師等の推薦が禁止されていますが、粧工連版では、これに「美容ライター」なども加わっています。

F11. 医薬関係者等の推せん

出典：日本化粧品工業会「化粧品等の適正広告ガイドライン基本編」より

　ただ、「美容ライター」では曖昧で法的基準となりえるとは思えず、したがってYDCのビジネステキストでは、"「これはそうしてほしい」という希望を述べたもの"と説明しています。

　さて、次は粧工連に関するQ&Aです。

Q

しわ改善化粧品の広告チェックをYDCに依頼したところ、"「深いしわに」という表現は「※グレード3〜5のシワのこと」という注を付けるべきだ"との指摘をもらいました。

ところが、「粧工連 第126回化粧品広告審査会指摘事項に対する解説資料」において「シワ効能評価試験やシワグレードに関する説明をすることは効能評価の保証に該当し不適切」とコメントが出ています。

これはどう考えたらよいのでしょうか？

A

1） ご提示のような考え方は、「医薬品等適正広告基準」には示されていません。

　「医薬品等適正広告基準」で直接示されていないことを、解釈でそこまで広げるのは無理があるように思います。

2） ご提示のような考え方は、粧工連の希望を述べたものと捉えてよいと思います。

2. 化粧品名称戦略

化粧品名称は奥の深い世界です。

1） まず販売名。

　　これは行政に届け出る名称で、成分名を入れてはNG、ローマ字のみはNGなどさまざまな規制があります。

2） しかし、世の中に出回っている商品名には「茶のしずく」など成分名を入れているものや、「ASTALIFT」などローマ字名のみのものもあります。

　　これらはビジネスの工夫から出てきた事実上の商品名で、「愛称」と呼ばれています。

　　「愛称」にも「販売名」と同様の規制があるのですが、あまり厳しく見られてはいません。

3） さらに、ブランド名・シリーズ名もあります。

　　たとえば、「スーパーコラーゲンシリーズ」。

　　1）や2）のルールだと「スーパー」は不可なのですが、ブランド名・シリーズ名には直接的な規制ルールはありません。

　さて、化粧品に関しては、「成分名」も奥の深い世界です。

　化粧品の「成分」に関しては、「全成分表示」のルールがあり、それに対応して使われているもの（列記して示される）と、それ以外のものがあります。

（1）全成分表示のルールに対応して使われるもの

　　厚労省の通知（H13.3.6）には、次のような一文があります。

「成分の名称は、邦文名で記載し、日本化粧品工業連合会作成の『化粧品の成分表示名称リスト』"等"を利用することにより、消費者における混乱を防ぐよう留意すること。」

 i．粧工連が作っている化粧品の成分表示名称リストはサイトで検索することができます。

新しい成分は、通常、グローバルな名称機関であるINCIに登録し、それを引用しながら粧工連に収載申請をします。

 ii．しかし、"等"とあるので、「実態と異なり消費者を混乱させる」といったことがなければ、自己責任で粧工連リストに収載しなくても、全成分表示用の成分名称として使うことも可能です。

私の経験では、以前「XX水」という名称を使ったことがあります。

（2）全成分表示用以外に用いられるもの

たとえば、"DHCの独自成分「DHCスーパーコラーゲン」（[販売名] DHCスパコラ [保湿成分] ジペプチド-8）"といったパターンです。

この場合の「DHCスーパーコラーゲン」は、いわば成分の愛称で、全成分表示用の名称は「ジペプチド-8」です。

3. ワキガ対策クリーム「リフレア」はOK？

ロート製薬のワキガ対策クリーム「リフレア」は、HP上の「増えないヒミツ」というコンテンツで、「対照品だと菌が増えるがリフレアだと増えない」という画像及び動画を見せていますが、これはOKですか？

A

2つの問題があります。

1つは、ビフォーアフターについて予防はNGとされていて、別人比較も同じに考えられているという点です。

しかし、本件はビトロ試験（試験管内試験）であり、「別人比較」ではないので、このルールには違反しません。

もう1つは、適正広告基準3（5）の解釈として臨床データの提示はNGとされている点です。

しかし、これも基本ヒトの話であり、本件のようなビトロ試験ならこのルールには違反しません。

結局、本件はビトロ試験である点がポイントということになります。

Part 4

育毛剤

1. 育毛剤テクニック（1）

　育毛剤は多くの人が「半年は使って効果を見よう」と思うようで、LTVが高い商材として知られています。

　その代わり参入も多く、CPA（顧客獲得単価）も3万円以上といわれています。

　しかし、私のクライアントはLTV9万円を達成できているので、CPA5万円でも十分やっていけています。

　さて、ここではその育毛剤の訴求フレーズを考えてみましょう。

　商品名を「育毛剤X」とします。「育毛剤Xは頭皮にハリを与えます」が訴求フレーズです。

1）　初心者は何も知らずこのまま進めてしまい、NGを喰らいます。

2）　中級者は、"化粧品の効能として「肌にハリを与える」が認められているから、それを使えばよい"と反論します。

化粧品の効能範囲表

1	頭皮、毛髪を清浄にする。	29	肌を柔らげる。
2	香りにより毛髪、頭皮の不快臭を抑える。	30	肌にハリを与える。
3	頭皮、毛髪をすこやかに保つ。	31	肌にツヤを与える。
4	毛髪にハリ、こしを与える。	32	肌を滑らかにする。
5	頭皮、毛髪にうるおいを与える。	33	ひげを剃りやすくする。
6	頭皮、毛髪のうるおいを保つ。	34	ひげそり後の肌を整える。
7	毛髪をしなやかにする。	35	あせもを防ぐ（打粉）。
8	クシ通りをよくする。	36	日やけを防ぐ。
9	毛髪のツヤを保つ。	37	日やけによるシミ、ソバカスを防ぐ。
10	毛髪にツヤを与える。	38	芳香を与える。
11	フケ、カユミが取れる。	39	爪を保護する。
12	フケ、カユミを抑える。	40	爪をすこやかに保つ。
13	毛髪の水分、油分を補い保つ。	41	爪にうるおいを与える。
14	裂毛、切毛、枝毛を防ぐ。	42	口唇の荒れを防ぐ。
15	髪型を整え、保持する。	43	口唇のキメを整える。
16	毛髪の帯電を防止する。	44	口唇にうるおいを与える。
17	（汚れを落とすことにより）皮膚を清浄にする。	45	口唇をすこやかにする。
18	（洗浄により）ニキビ、アセモを防ぐ（洗顔料）。	46	口唇を保護する。口唇の乾燥を防ぐ。
19	肌を整える。	47	口唇の乾燥によるカサツキを防ぐ。
20	肌のキメを整える。	48	口唇を滑らかにする。
21	皮膚をすこやかに保つ。	49	ムシ歯を防ぐ（使用時にブラッシングを行う歯みがき類）。
22	肌荒れを防ぐ。	50	歯を白くする（使用時にブラッシングを行う歯みがき類）。
23	肌をひきしめる。	51	歯垢を除去する（使用時にブラッシングを行う歯みがき類）。
24	皮膚にうるおいを与える。	52	口中を浄化する（歯みがき類）。
25	皮膚の水分、油分を補い保つ。	53	口臭を防ぐ（歯みがき類）。
26	皮膚の柔軟性を保つ。	54	歯のヤニを取る（使用時にブラッシングを行う歯みがき類）。
27	皮膚を保護する。	55	歯石の沈着を防ぐ（使用時にブラッシングを行う歯みがき類）。
28	皮膚の乾燥を防ぐ。	56	乾燥による小ジワを目立たなくする。

注1）例えば、「補い保つ」は「補う」あるいは「保つ」との効能でも可とする。
注2）「皮膚」と「肌」の使い分けは可とする。
注3）（　）内は、効能には含めないが、使用形態から考慮して、限定するものである。

3）　上級者は中級者にこう諭します。

  a. 薬用化粧品であれば化粧品的効果がうたえるので、一般化粧品でいえることはそのまま訴求できる。

  b. しかし、育毛剤は医薬部外品ではあるが薬用化粧品ではない。

  c. そのため、化粧品の効能範囲表#30をそのままスライドさせて使うわけにはいかない。

4）　上級者の言う通りなのですが、何か手はないのでしょうか？あります。それは「作用機序のテクニック」です。

  a. まず、育毛剤の承認効能は次の通りです。
「育毛、薄毛、かゆみ、脱毛の予防、毛生促進、発毛促進、ふけ、病後・産後の脱毛、養毛」

  b. ここに至る「プロセス」が作用機序です。あくまでも「プロセス」といえなければいけません。

  c. では、「毛が黒くなる」はどうでしょうか？「毛が黒くなることにより毛が育つ」とはいえません。つまり、「毛が黒くなる」は育毛の作用機序とはなりえずNGです。

  d. では、「頭皮にハリを与えます」はどうでしょうか？「頭皮にハリを与えることにより毛が育つ」とはいえそうです。つまり、「頭皮にハリを与えます」は育毛の作用機序となりえます。

  e. 実は、もう1つ問題があるのですが、それは「育毛剤テクニック（2）」で説明しましょう。

育毛剤の効能・効果の範囲

医薬部外品の種類	使用目的の範囲と原則的な剤型		効能又は効果の範囲
	使用目的	主な剤型	効能又は効果
育毛剤	脱毛の防止及び育毛を目的とする外用剤である	液状、エアゾール剤	育毛、薄毛、かゆみ、脱毛の予防、毛生促進、発毛促毛、ふけ、病後・産後の脱毛、養毛。

2．育毛剤テクニック（2）

　私がサポートして大ヒットした育毛剤に「リリィジュ」があります。

　2002年に「女性のための」を日本で初めて正面から訴求して大ヒットしました。

　その際のもう１つのカギが、成分「桐葉エキス」でした。

　"「桐葉エキス」→自然派→「女性のための育毛剤」にふさわしい"というロジックが大ヒットを支えたのです。

　ただ１つ困ったことがありました。

　医薬部外品は、医薬品と同じように「有効成分が効果をもたらす」という建て付けでなければなりません。

　しかし、「桐葉エキス」は有効成分ではなかったのです（有効成分はありがちな「センブリ」など。新たな有効成分を厚労省に認めさせるには、多大な労力と費用と時間を必要とします）。

　そこで、広告では「桐葉エキス」を訴求しつつも真の有効成分

を付記しておくというテクニックで、なんとかクリアしていったのです。

　育毛剤の効果としてはいえないことを作用機序として訴求する、というテクニック。「育毛剤Xが頭皮にハリを与える」という訴求もこのテクニックを使うと訴求できそうです。

　ただもう1つ問題があります。
1）　その問題とは「作用機序の出発点は有効成分でなければならない」ということです。
　　　「桐葉エキス→頭皮にハリを与える→毛が育つ」ではダメなのです。
2）　ならば、出発点をぼかして、「育毛剤X→頭皮にハリを与える→毛が育つ」と訴求すればいいではないか？　と思うかもしれません。
3）　それはそうなのですが、作用機序のテクニックを使うにはエビデンスがなければなりません。エビデンスとしては、何が頭皮にハリを与えるのか？　を明確にしなければなりません。
　　　真実は桐葉エキスなのですが、それをそのままエビデンスとしたのでは、「作用機序の出発点は有効成分」に合致しません。

　ではどうしたらよいのでしょうか？
（1）仮に、有効成分がセンブリだとします。
　　　この場合、桐葉エキスは有効成分をサポートする成分と位

置付けます。

（2）したがって、ロジックは、桐葉エキスにサポートされたセンブリ→頭皮にハリを与える→育毛となり、「桐葉エキスにサポートされたセンブリ→頭皮にハリ」についてエビデンスを作ります。

　つまり、「センブリ単体」でエビデンスを作らず、「センブリ＋桐葉エキス」でエビデンスを作るようにします。これだと桐葉エキスも入っているので、エビデンスとしてほしい結果も得ることができるのです（これは私のアイデアであり「リリィジュ」が実際にこうしたわけではありません）。

3．育毛剤テクニック（3）

　最初に、これまでの育毛剤テクニック（1）と（2）の話を整理します。

1）　育毛剤の効能として訴求できないことを訴求するテクニックとして、作用機序のテクニックがある。

2）　作用機序のテクニックを使うには、その訴求が承認効能に至るプロセスといえなければならない（「毛が黒くなる」は「毛が育つ」のプロセスではないので作用機序にはならない）。

3）　そのプロセスは有効成分によってもたらされるというエビデンスが必要。

さて、以上をもとにQ&Aで解説していきましょう。

Q

当社の育毛剤で「ヘアサイクルの正常化」を訴求したいと考えています。

そんな効果が育毛剤の承認効能にないことはわかっていますが、作用機序のテクニックを使って訴求できないでしょうか？

なお、この育毛剤の有効成分はAとB。Aが血管を拡張させ、Bが血行を促進するというエビデンスがあります。

A

1）まずロジックとして作用機序のロジックが成り立つか？　を考えます。

「ヘアサイクルの正常化により毛が育つ」は成立可能なロジックであり、ロジックはOKです。

2）次に、有効成分がこのプロセス＝ヘアサイクルの正常化をもたらすというエビデンスが成り立つか？　を考えます。

本件では、成分Aには「血管を拡張させる」というエビデンスがあり、成分Bには「血行を促進させる」というエビデンスがあるということ。後は"この2つから頭皮の血流が改善されヘアサイクルの正常化がもたらされる"と総合的に考察すれば、それで必要なエビデンスができあがります。

Part 5

部外品

1. 対インフルエンザ

　新型コロナが落ち着いた一方、広がりをみせたインフルエンザは、コロナ対策の商材に代わる商材として注目を集めています。

　その論点をまとめてみましょう。

1) 令和4年2月25日に、消毒剤に関し「一定の条件」をクリアすれば特定の菌名を出してOKという通知が出ました。

「一定の条件」とは、有効性を裏付けるデータが（a）査読付き論文に掲載されているか、（b）試験がGLP基準で行われていて、その結果がHPに掲載されていること。

　それに伴い、「新型コロナウイルス」と「インフルエンザウイルス」への「消毒効果が確認されています」と訴求する商品が登場しました。

　それらの商品の訴求にはQRコードが付いており、その飛び先にエビデンスが掲載されています。

2） 以上の手法を使えば「インフルエンザウイルスへの消毒効果」
がうたえます。

3） ただ、以上の通知は「消毒剤」を対象とするものなので、「除
菌グッズ」には使えません。これらは依然として「インフル
エンザウイルスへの効果が確認されています」など特定の菌
名を出すことはNG。

4） では、消毒剤で「インフルエンザウイルスを殺菌」と訴求す
ることは可能でしょうか？
「殺菌」が承認効能でない場合は、これを作用機序として訴
求することがそのソリューションになります。

薬生薬審発 0225第 12 号
薬生監麻発 0225第 9 号
令和 4 年 2 月 25 日

各 { 都 道 府 県
　　保健所設置市
　　特 別 区 } 衛生主管部（局）長

厚生労働省医薬・生活衛生局
医 薬 品 審 査 管 理 課 長
（ 公 印 省 略 ）
厚生労働省医薬・生活衛生局
監 視 指 導 ・ 麻 薬 対 策 課 長
（ 公 印 省 略 ）

医薬品及び医薬部外品の消毒剤における特定の菌種、ウイルス種への有
効性に係る情報提供の取扱いについて

　人体（外皮に限る。以下同じ。）又は物品に対する殺菌又は消毒を使用目的と
した医薬品及び人体に対する殺菌又は消毒を使用目的とした医薬部外品（効能・
効果において適用菌種が定められていないものに限る。以下「消毒剤」という。）
における特定の菌種又はウイルス種（以下「特定の菌種等」という。）への有効
性に係る情報提供については、以下のとおり取り扱うこととしましたので通知
いたします。

記

第1　消毒剤の特定の菌種等に対する有効性に係る情報提供について
　消毒剤による特定の菌種等に対する有効性を広告等において情報提供する場
合には、次に掲げる要件を全て満たすこと。
　1　特定の菌種等に対する有効性に関する情報提供は、科学的及び客観的な根
　　拠に基づくものであり、その根拠を示すことができる正確な内容のものであ
　　ること。
　2　その科学的及び客観的な根拠は、第三者による適正性の審査（論文の査読

等）を経たもの（承認審査に用いられた評価資料や審査報告書を含む。ただし、参考資料は除く。）又は GLP 基準（医薬品の安全性に関する非臨床試験の実施の基準に関する省令（平成 9 年厚生省令第 21 号））で実施された試験結果であって公表されたものであり、かつ第三者による客観的評価及び検証が可能なもの（対象の消毒剤の成分・分量や用法・用量等に準じて行われた試験結果に限る。以下「試験結果等」という。）であること。

3　広告等において本通知に基づき有効性の記載をする場合、当該記載に注釈を付け、「出典：●●●」等、有効性に係る根拠となる試験結果等が特定できる書誌情報等を記載すること。ただし、強調して記載しないこと。

第2　その他の留意事項について

1　上記第1に基づく情報提供は、医薬品、医療機器等の品質、有効性及び安全性の確保等に関する法律（昭和 35 年法律第 145 号）第 14 条に基づき承認を受けた消毒剤の効能・効果の範囲を超えるものではないものとする。

2　上記第1に基づき有効性について確認するための試験等の実施を他の試験検査機関等に委託することは差し支えないが、試験結果等や評価に係る資料については、製造販売業者が保管するとともに、試験の信頼性及びその有効性の判断は当該製造販売業者の責任において行うこと。

3　製造販売業者は、上記第1に基づき有効性について確認した根拠となる試験結果等が公開されていない場合は、第三者が適正性を確認できるよう自社のウェブサイト等において公表すること。また、消費者等からの問い合わせに対し適切に対応できる体制を整えること。

4　製造販売業者以外の者が本通知に基づき情報提供を行う場合、当該消毒剤について製造販売者が本通知に基づき情報提供している範囲で行うこと。

5　本通知に規定している事項以外は、「医薬品等適正広告基準」（平成 29 年 9 月 29 日薬生発 0929 第 4 号厚生労働省医薬・生活衛生長通知別紙）及び「医薬品等適正広告基準の解説及び留意事項等」（平成 29 年 9 月 29 日薬生監麻発 0929 第 5 号厚生労働省医薬・生活衛生局監視指導・麻薬対策課長通知別紙）に従うこと。

2．代謝

　私のコンサルティングの強みは、法律を分析し、マーケティングのニーズや優位性と照らし合わせ、勝つポジショニングを見出す「リーガルマーケティング」です。コンサルティングとリーガル、メディカルというトライアングルのサポート体制を構築しながら、さまざまな規制を分析して攻め所を考えます。

　私のポジショニングが「弁護士出身の実業家」である所以です。

　このリーガルマーケティングの発想で考えた場合、医薬部外品における「作用機序」は攻め所です。この話については、「育毛剤テクニック（3）」でも触れていますが、そこでの内容を改めて紹介します。

1）育毛剤の効能として訴求できないことを訴求するテクニックとして、作用機序のテクニックがある。
2）作用機序のテクニックを使うには、その訴求が承認効能に至るプロセスといえなければならない（「毛が黒くなる」は「毛が育つ」のプロセスではないので作用機序にはならない）。
3）そのプロセスは有効成分によってもたらされるというエビデンスが必要。

　さて、以上の知識をもとに、スキンケアブランドのタカミの「代

謝」訴求についてQ&Aで考えてみましょう。

　タカミは角質美容水「スキンピール」において、「美しい肌は代謝が高い」と「代謝」訴求をしています。

　当社の「薬用美容液」（シミ予防が承認効能）でも「代謝」訴求をしたいと考えています。どうしたらよいですか？

A

1）　タカミの事例は、「代謝」を一般論として言っていると思われます。つまり、「美しい肌は代謝が高い」は、商品とは関係なく、タカミが考える肌理論としてうたっていると読めます。これなら誰でもできます。

2）　では、「一般論」ではなく、「薬用美容液」に関して「代謝」を訴求するにはどうしたらよいでしょうか？

　承認効能は「シミ予防」なので、承認効能として訴求することはできません。

　しかし、「薬用美容液」＝医薬部外品なので、作用機序として訴求する手があります。

3）　この手を使うには、（あ）作用機序のロジックが成り立つことと、（い）そのエビデンス、が必要です。

4）（あ）については、「肌の代謝を高めることによりシミを予防する」といえるのでOKです。

5）後は（い）エビデンスの勝負です。

Part 6

ウェア・雑品

1. レギンス・インソール

　私の専売特許であるリーガルマーケティング。

　数々の成功事例を生み出していますが、ここではその中の1つのパターンを紹介していきます。

　そのパターンとは、「身に着けると運動になる」というもの。つまり、こういうことです。

1）「着るだけでやせるウェア」「履くだけで美脚になるシューズ・インソール」という訴求は、薬事法違反（「ウェア」や「シューズ」や「インソール」が医療機器扱いになる）。

2）そこで、「特殊な形のインソールをシューズに入れて履き歩く→負荷がかかり、体を動かすのに特別な運動をすることになる→美脚になる」というロジックを構築。

3）このロジックだと、美脚はインソールやシューズによってもたらされているわけではなく、「特別な運動」によってもたらされていることになるので、薬事法はセーフ（「行為は薬事法対象外」の原則＝薬事法は医薬品、医薬部外品、化粧品、医療機器、再生医療等製品を対象としており、行為を対象としていない）。

4）この発想は、いろいろなアイテムに応用可能。
「特殊なレギンス→負荷がかかり体を動かすのに特別な運動をすることになる→やせる」「特殊な下着→負荷がかかり胸部を動かすのに特別な運動をすることになる→バストアップ」などなど。

これらのゴールは、「特別な運動」によってもたらされていることになるので、薬事法はセーフ。

以上は「机上の空論」ではなく、実際の事例で薬務課とやり取りしてセーフとなっています。

ただし、この後に「本当にそうなるのか？」という景表法の関門も待ち構えています。この関門をクリアするには、エビデンスが必要です。

2．雑品の効果訴求

私が考案したリーガルマーケティングによるヒット事例の1つに機能性マットレス「トゥルースリーパー」があります。

「トゥルースリーパー」がヒットしたミソは、「肩や腰が痛くならない！」という訴求でした。もし、これが「肩や腰の痛みが取れる！」という訴求だと、「体の具体的変化」をうたっていることになり薬事法違反です。

しかし、「肩や腰が痛くならない！」は、「そういうマイナスが

ない」という「ネガティブなし」のロジックで、「体の具体的変化」をうたっているわけではないため、薬事法違反にはなりません。

　この訴求が現れたとき、マットレスで「肩や腰の痛み」への訴求は画期的だったので、大変な注目を集めました。

　次はこの「ネガティブなしロジック」に関するQ&Aです。

Q

（あ）抱っこ枕で「首がこらない枕」と訴求できますか？

（い）（あ）に関し、広告でエビデンスを示すことは可能ですか？

A

1）（あ）について

　（1）ネガティブなしロジックなので、薬事法はOKです。

　（2）景表法をクリアするには、合理的根拠（適切なエビデンス）が必要です。

2）（い）について

　（1）医療機器だと適正広告基準がカバーし、その「3（5）効果効能等又は安全性を保証する表現の禁止」として、エビデンスデータをきっちり示すことができません（3（5）の解説（3）[※1]）。また、他社との比較もできません（適正広告基準9「他社の製品の誹謗広告の制限」[※2]）。

　（2）しかし、本件は雑品なので適正広告基準はカバーしません。

よって、エビデンスの提示も OK ですし、比較広告も真実である限り OK です。

【脚注】
※１　「臨床データ等の例示について」一般向けの広告にあっては、臨床データや実験例等を例示することは消費者に対して説明不足となり、かえって効能効果等又は安全性について誤解を与えるおそれがあるため原則として行わないこと。
※２　医薬品等の品質、効能効果、安全性その他について、他社の製品を誹謗するような広告を行ってはならない。

Part 7

健康機器

健康数値

　AIの普及もあり、健康数値を示すビジネス・サービスが拡大していますが、薬事法的にNGなものもあります。

　薬事法的にNGだと、ビジネスモデルを変えなければならなくなるほか、場合によっては製品回収のリスクもあり、注意が必要です。

　何がNGで何がOKなのか？

　ここでは、いろいろな事例を検討していきますが、あらかじめ3つのルールを知っておいてください。

A)　運動管理目的で、健康診断で示されるような数値を示すのはOKですが、健康管理目的でそういう数値を示すのはNG……スポーツウォッチモデルはOK

B)　疾病の予防目的で数値を示すのはNGですが、疾病のリスクを数値で示すのはOK……N-NOSEモデルは後者でありOK

C)　血液検査のSRLのような衛生検査所になるには許可が必要だ

が、その取り次ぎは誰でもできる……PCR検査仲介モデルはOK（1年で280億円を売り上げた、にしたんクリニックの通販型PCR検査キットのビジネスモデルはこれ）

さて、Q&Aで事例を検討しましょう。

ヘルスケアシステムズの「健康支援事業」には、「血糖スパイク検査」という商品があり、そこには、（あ）ミオイノシトールの測定値、（い）測定値のランク評価、（う）血糖値スパイクが生じている可能性が示されています。これはOKですか？

A

（あ）について

ルールA）により、運動管理目的でなければ、健康診断で示されるような数値は示せません。よって、非医療機器として（あ）の測定はできません。

厚労省R4.2.3通知

> 1 医療機器への該当性の考え方について
> 　血中酸素飽和度の測定機能を有する機械器具（プログラムを含む。以下同じ。）については、健康な者、療養中の者を問わず、その測定結果に基づいて日常生活における健康状態の管理・体調管理又は医療機関への受診の目安の提示等を通じ疾病の兆候の検出等を目的とするものと考えられることから、医療機器に該当する。
>
> 　ただし、健康管理のうち例えば健康な者を対象として、上記の目的ではなく、運動におけるトレーニングの効果効率の向上や運動強度の管理（以下「運動管理」という。）を主たる目的とするものは、疾病の兆候の検出等を目的とするものではないため、医療機器には該当しない。

　しかし、ヘルスケアシステムズ社のバックには「衛生検査所」があり、同社はそことの取り次ぎをしているだけ、というのであれば、ルールC）によりOKです。

　上記のように、私がコンサルティングした、にしたんクリニックのPCR検査キットはこのルールC）に立脚したもので、これにより通販型のPCR検査が可能となりました。同クリニックオーナー会社の爆発的な営業力により、1年で年商280億円という驚異的な売上を達成しました。

（い）について

　N-NOSE（尿に線虫を入れ、その動きから将来のがんリスクを評価する）のように、疾病のリスク評価を示すモデルは非医療機器でも可能です。本件では「ランク評価」になっていますが、これは微妙です。

　「リスク評価」は、アルゴリズムに立脚した将来に向けての話で

すが、「ランク評価」はアルゴリズムとは関係のない現状時点の評価だからです。

　そのため、ここは「リスク評価」に建て付けを変えたほうがよいでしょう。

（う）について

　疾病のリスク評価はOKですが、現状疾病か否かの判断はNGです。なのでN-NOSEでは「これまでの臨床研究をもとに検査時のがんのリスクを評価するもので、がんを診断する検査ではありません。」と注記しています。

　本件では（う）として「血糖値スパイクが生じている可能性」を示していますが、これは現状の疾病状態を示すものでありNGです。

　仮に本件が「衛生検査所」の取り次ぎというビジネスモデルであったとしても、「衛生検査所」で数値の測定はできますが、それが疾病とどうつながるかという医療的評価はできないので、やはりNGです。

薬事法の外に立つ

Introduction

イントロダクション

　多くの企業では、「真実であっても効能はうたわせない」という薬事法規制を回避すべく、「薬事法の外に立つ手法」として「成分広告」の手法を採用しています。

　つまり、「薬事法の外に立つ」手法として、広告に薬事法が適用される3要件を検討し、1）顧客を誘引する〈顧客の購入意欲を昂進させる〉意図が明確であること〈誘因性〉　2）特定医薬品等の商品名が明らかにされていること〈特定性〉　3）一般人が認知できる状態であること〈認知性〉、商品名を出さないことにより、2）の要件を不充足とするのが、成分広告の考え方です（第1部イントロダクション参照）。

　ただ、要件1）と2）は微妙に絡み合っている部分があるので、私は両者を2軸とする考え方を推奨しています。

　その考え方を図にすると、次のようになります。

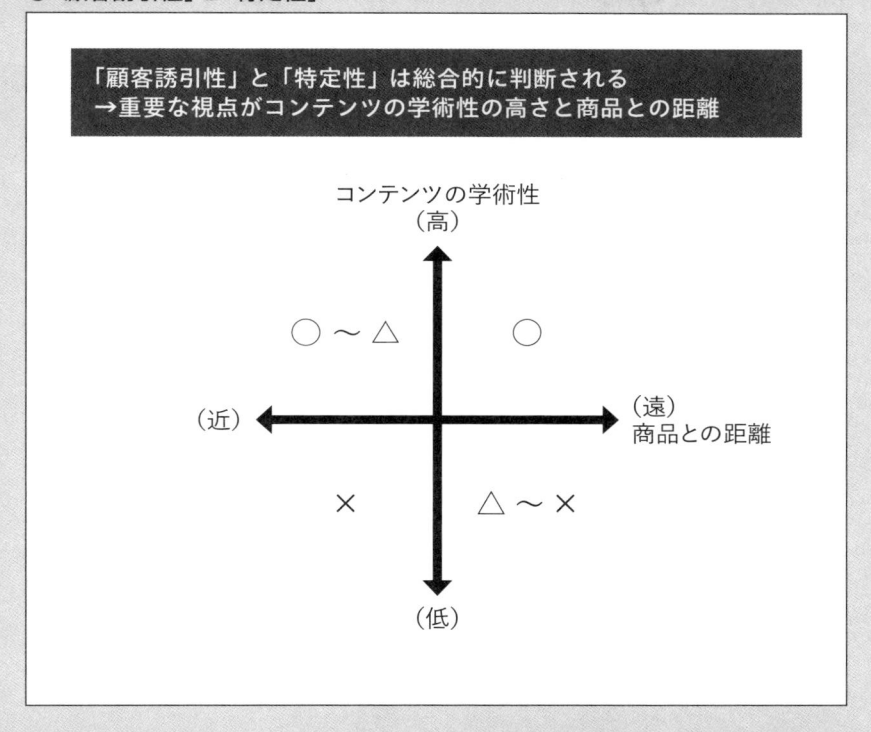

　これが成分広告を考える際の重要な視点となります。

　第3部では、さらに、江崎グリコを例として、オウンドメディアの考え方についても説明します。

Part 1

成分広告

1. 東京都庁の3基準

　成分広告の適法性を考える際に非常に重要な意味を持つのが、東京都庁の3基準（記事風広告、同日放送、連日広告）です。はじめにこれを紹介します。

①記事風広告

都庁HPより

いわゆる記事風広告について

注釈：以下のような紙面構成・内容の広告は薬事法に違反する可能性があります。

以下は、新聞紙面を想定しています。

広告例

○○新聞　2001年（平成13年）1月1日（月曜日）

新年明けましておめでとうございます。新しい年を、心身共に健康で過ごしたいというのが、皆様の願いではないでしょうか。
特に、スキンケアに心を配っている方も多いと思います。
最近、化粧品等スキンケア商品に配合されることの多い植物エキス○○○は、お肌のシミの解消に効果があることが、最近の研究で明らかになってきました。シミ、ソバカスの予防のみならず、できてしまったシミにも効果があるといわれています。長年の悩みを解消し、素晴らしい1年となりますよう、心から願っております。
企画：○×新聞情報部

△△クリーム
・・・・・・・・・・・・・・・・・・・
・・・・・・・・・・・・・・・・・・・
・・・・・・・・・・・・・・・・・・・
・・・・・・・・・・・・・・・・・・
植物エキス○○○（保湿成分）配合

ご購入方法
・・・・・・・・・・・・・・・・・・
お問い合わせ
株式会社○○○
電話 03-○○○○-1234

解説

いわゆる記事風広告について

特定の成分の効果などを紹介した情報欄の、極めて近い部分に意図的に当該成分を含有する製品の広告を行った場合、当該情報を含んだ一つの広告とみなされることがあります。

特定製品の広告そのものは薬事法を遵守していても、情報欄等の内容如何によっては、消費者に誤認をまねくおそれがあります。注意して下さい。

薬事法に違反する可能性がある例
1　情報欄と広告の区別がまぎらわしい紙面構成

- 　1面を上下段に分割し、上段に「一般情報」、下段に「製品広告」を掲載する。
- 　見開きで左面に「一般情報」、右面に「製品広告」を掲載する。

2　内容

- 　情報欄の内容：「長年の、研究成果により、ローヤルゼリー中に含まれる△△成分には、抗ガン作用があることがわかりました。」
- 　製品広告の内容：「製品 A（いわゆる健康食品）はローヤルゼリーを使用していいます。」

注釈：上記のような場合、ローヤルゼリーを使用した製品Aに、抗ガン作用があるかのような誤認を与えるおそれがあります。いわゆる健康食品は「抗ガン作用」等の効能効果を標ぼうできないため、当該広告は薬事法に違反する可能性があります。

②同日放送

テレビ広告例

| 3月1日　○○○局

乳酸菌Aはヒトの免疫システムを活性化させて、細菌やウイルスに対する抵抗力が向上します。

○○株式会社　東京都新宿区・・・
お問い合わせ先　03-△△△△-1234

| 3月1日　△△△局

乳酸菌Aを配合した製品Bが新登場！！
お近くのスーパーでお買い求めください。

○○株式会社　東京都新宿区・・・
お問い合わせ先　03-△△△△-1234

解説（テレビ広告）

広告例の太字部分が医薬品医療機器等法上の違反字句です。

上の例は、テレビで○○株式会社が同日に複数のテレビ局で放送した広告の例です。
それぞれ独立した広告と見なすと医薬品医療機器等法違反とは言えませんが、全体で1つの広告として見ると、医薬品医療機器等法違反となります。
このような広告を掲載することはできません。
広告の読み手からすれば、免疫力が高まる健康食品であるかのような誤解をあたえることになります。

③連日広告

期間限定の連続広告について

新聞広告例

| 10月13日掲載分

○○株式会社が新たな健康を目指して!
日々研究を重ねています。
その研究成果が世界で高く評価されつつあります。
健康が気になるあなたのために．．．

○○株式会社　東京都新宿区・・・
お問い合わせ先　03-△△△△-1234

| 10月14日掲載分

今や健康は自己管理の時代です。
そんな時代に私たち○○株式会社は、「高麗ニンジン」に注目しました。
その結果、全国の研究所から「**免疫力を高める作用**」が発見されました。
健康志向のあなためのために．．．

○○株式会社　東京都新宿区・・・
お問い合わせ先　03-△△△△-1234

2．LINEでの成分広告

　現在、LINEでの成分広告マーケティングが密かに進行しています。

　このマーケティングは、下にあるように2つのチャットによって組み立てられています。

1）成分チャット：「特許成分Xには成長因子が豊富に含まれており、あなたのお肌を若返らせます」と訴求し、ハリ、弾力UPのグラフを載せる。

2）商品チャット：成分Xをリッチに含む美容液Y。
　今なら、楽天価格2万円のところLINE価格1万円でご提供。
　お申し込みはこちら。

まず、東京都庁の３基準①の記事風広告の観点からすると、１）成分チャットと、２）商品チャットが同一画面に並ばないことが必要です。

　しかし、②の同日放送や③の連日広告も考慮すると、この物理的観点だけでは不十分で、タイムライン的観点も考慮に入れる必要がありそうです。

　②をクリアするには、24時間超、チャットを空ければよいのですが、③をクリアするには48時間超、間を空ける必要があります。

3．メールマガジンマーケティング

　メールマガジン（メルマガ）で、成分コンテンツと商品コンテンツを使い分けるＳ社のマーケティングに関するQ&Aです。

　DHAのサプリを展開しているＳ社。無料モニターに応募すると「Ｓウェルネス」からお礼とサンプルを送った旨を伝えるメルマガが届きます。それから１週間くらい経って「Ｓ社研究所」からDHAの効能を伝えるメルマガが届き、その後、小刻みに、「ウェルネス」から商品情報及び購入PUSHのメルマガ、「研究所」からDHAの効能を伝えるメルマガが届きます。

（あ）この手法はOKですか？

（い）成分コンテンツ（メルマガ）と商品コンテンツ（メルマガ）を分ける間隔は、東京都庁の同日放送や連日広告の考え方で考えたらよいのですか？

1)（あ）について

　　同日放送や連日広告の考え方は、「不特定多数」の顧客ないし潜在顧客を対象としています。それに対し、S社の事例は無料モニターに応募してきた人という形で特定客を対象としています。

　　いわば前者が稀薄なのに対し、後者は濃密です。よって、前者は24時間や48時間の間を空ければよいとしても、後者は同じには考えられません。

2)（い）について

　　このような事例でどこまで間隔を空けるべきかは一概にはいえませんが、いろいろな事例を拾ってみると、平均1週間くらいの間隔を空けているように思います。

4.「S」に倣ったのに

2022年にオープンしたYDCのテキストサイト。その中でも人

気のテキストが「薬事を超える成分広告・技術広告・素材広告は
どこまで可能なのか？＜2024年版＞」です。ここでは、そこに掲
載された内容に関するＱ＆Ａを紹介します。

「薬事を超える成分広告・技術広告・素材広告はどこまで可能な
のか？＜2024年版＞」によると、Ｓ社は以前、効能をうたわない
無料サンプルプレゼント広告で、商品「Ｓ」の有料見込み客を
GETし、その後1週間くらいして、アンチエイジング効果などを
述べる成分「Ｓ」の冊子（商品への訴求なし）を送っていた、と
のことでした。

　先日、当社の「ユーグレナXO」の商品の顧客に対し、購入か
ら1週間くらい空けて、「ユーグレナXO ご購入のみなさまへ」と
いう件名で、成分「ユーグレナ」の効能を説明するメルマガを送
る企画が持ち上がり、YDCの薬事チェックに出したところ「NG」
と言われました。

「Ｓ」と同じ建て付けだと思いますが、なぜNGなのですか？

「ユーグレナXO ご購入のみなさまへ」という件名が問題なのです。
「成分広告」を企画する上で非常に重要なのが「商品広告」との
距離です。

　そのため、「Ｓ」では1週間くらいの時間的距離が空けられて
いるのです。

対し、本件企画では「ユーグレナXO ご購入のみなさまへ」という件名がメルマガ読者に商品との関連性を意識させ、距離を縮めることになってしまうのです。

　なので、件名は「ＸＸ社のお客様へ」などに変更してください。

5．ストーリーズVSストーリーズ

　インスタグラムで、成分コンテンツと商品コンテンツを分けるやり方として、ストーリーズ VS ストーリーズという組み合わせもありえます。

　ここではその検討をQ&Aで紹介していきますが、東京都庁HPがKEYとなります。

　東京都庁は「連日広告」として、同一新聞でＸ日に成分広告、Ｘ＋１日に商品広告というパターンをNGとしています（前述）。

　インスタのストーリーズで、Ｘ日に成分コンテンツ投稿、Ｘ＋１日に商品コンテンツ投稿（商品購入へのリンクあり）という場合はどうなのでしょうか？

A

1）薬事法は微妙です。

2）都庁例では、「同一新聞」という条件ですが、こちらもストーリーズ VS ストーリーズなら同一メディアです。ストーリーズは24時間経つと消えてしまいますが、新聞も1日前の新聞を目にする人は少ないので、この条件の差は大きくないと思います。

3）ただし、ストーリーズの場合は、2つのストーリーズの間に、ほかのストーリーズがたくさん投稿されていると、前のストーリーズの記憶は薄れるので、ここが基準（criteria）となるでしょう。
つまり、成分ストーリーズと商品ストーリーズの間に2、3しかストーリーズがないというのであれば、両者はつながって認識されるので薬事法違反です。
もっと間にたくさん入っているという場合、両者はつながって認識されないので薬事法違反にはならない——ざっとこんな感じだと思います。

4）ステルスマーケティング規制との関係では、成分ストーリーズはそのインスタグラマーのメッセージと見えるのでPR表記が必要ですが、商品ストーリーズは商品購入へのリンクが

あり、それによって企業とのタイアップ関係が読めるので、PR表記はなくてもよいということになるでしょう（ステマに関しては第4部参照）。

6. コラーゲンに関する成分広告

ここでは、コラーゲンに関する成分広告のQ&Aを紹介していきます。

Q

大正製薬のコラーゲンドリンク「ALFE」のサイトの冒頭に、「美肌とコラーゲン」の関係が述べられていて、下にスクロールしていくとProductsとしてALFEが出てきます。

これは東京都庁がNGとしている「記事風広告」に該当し、NGではないのですか？

A

1）東京都庁がNGとしている「記事風広告」は、前述の「東京都庁の3基準」を参照してください。

2）確かに、ALFEの建て付けはNGとされる「記事風広告」の建て付けと似ています。

3） しかし、NG とされる「記事風広告」においては、下の商品
　　紹介の部分に「植物エキス○○○配合」と書かれており、上
　　の成分記事とのつながりが鮮明です。

　　　　対し、ALFE の場合は、Products のところに「コラーゲン
　　配合」とあるわけではないので、上のコラーゲン記事とのつ
　　ながりは不鮮明です。

　　　　なので、こちらは必ずしも NG とはいえません。

7．ヒアルロン酸に関する成分広告

次に、ヒアルロン酸に関する成分広告の Q&A を紹介します。

Q

日清食品の美容ドリンク「ヒアルモイスト」の LP で、「ヒアル
ロン酸を作らせる乳酸菌」とうたっていますが、これは OK です
か？

A

「ヒアルロン酸を作らせる乳酸菌」は、効能を述べている表現です。
これだけであれば成分の効能を述べているのみ、ですが、すぐ横
に商品画像があり、商品の効能を述べていることになり、これで
は NG です。

さらにもう1つのQ&Aを紹介していきます。

Q

成分広告と商品広告でドメインを分ければ、リスク回避になりますか?

A

1)　成分広告がNGとなる場合に関し、消費者庁の「R4.12.5留意事項」は3つの判断基準を示しています。

(1)　特定の食品や成分の健康保持増進効果等に関する書籍や冊子、ウェブサイト等の形態をとっている場合であっても、その説明の付近にその食品の販売業者の連絡先やウェブサイトへのリンクを一般消費者が容易に認知できる形で記載しているようなとき

(2)　特定の食品や成分の健康保持増進効果等に関する広告等に記載された問合せ先に連絡した一般消費者に対し、特定の食品や成分の健康保持増進効果等に関する情報が掲載された冊子とともに、特定の商品に関する情報が掲載された冊子や当該商品の無料サンプルが提供されるなど、それら複数の広告等が一体となって当該商品自体の購入を誘引していると認められるとき

（3）特定の食品や成分の名称を商品名やブランド名とすることな
どにより、特定の食品や成分の健康保持増進効果等に関する
広告等に接した一般消費者に特定の商品を想起させるような
事情が認められるとき

2）　成分広告から商品広告へリンクがなくても、（3）に該当す
るとNGです。

　しかし、ドメインが同じであっても、それが問題とされた事例
は見あたらず、（3）にはほとんど影響しません。

8．同日広告・連日広告

　ここでは、同日広告と連日広告に関するQ&Aを紹介していき
ます。

Q

　フェイスマスク（一般化粧品）のPR方法について質問です。
　商品の効果として「小顔」をうたいたいのですが、化粧品の効
果としてはNGだと思いましたので、ちょっと変わったPR方法
を考えました。
　ウェブの記事サイトにおいて、商品名はまったく出さずに、フェ
イスマスクの「小顔」効果について記事広告を出稿するという方

法です。これは問題ないでしょうか？

　商品名を出さないのであれば、商品の広告とはいえないので、薬事法は適用されません。

Q

　それでは、後日「フェイスマスクが気になる方は○○マスク（商品名）」という商品広告を、同じ記事サイトに出稿することは可能でしょうか？

A

　これは、同日広告・連日広告とも呼べる論点に関する質問です。
　前にも触れた通り、東京都庁HPでは、TV. CMに関し、「X日：A局で成分効能CM、同日：B局で商品CM」の事例をNGとし、新聞広告に関し、「X日：成分効能広告、同一紙でX＋1日：商品広告」の事例もNGとしています。
　また、かつて、L-92乳酸菌に関して成分広告が展開されていた頃、「X日：新聞本紙で成分効能広告、X＋1日：同一新聞折込チラシで商品広告」という戦略が大量に展開されていましたが、これはNGとはされなかったようです。

L-92乳酸菌の事例（新聞広告＋折込広告）

新聞におけるL-92乳酸菌の成分広告と、その次の日、同一紙に折り込まれていた折込チラシによる商品広告。
大量に展開されていたので、1日空ければこの手法は不可ではないと判断されていたのではないかと思われる。

1）「環境・生活習慣型アレルギーケアフォーラム」名義でL-92乳酸菌の効果を訴求する広告

参照：具体例　新聞＋折込

環境・生活習慣型アレルギーケアフォーラム

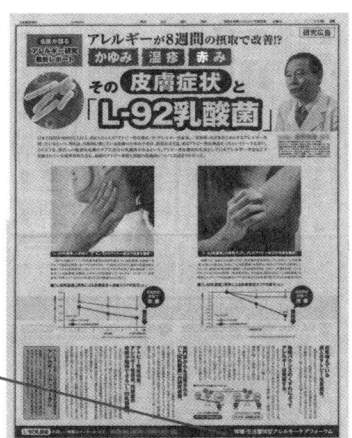

2）翌日、同一紙に、商品の折込チラシ→効能なし

9. 研究会方式

　成分広告、素材広告、技術広告は現在とても注目されている手法です。

　これらの採用ケースや問合せは年々増えており、しっかりしたナビゲーションが求められる領域となっています。

　ここでは、以前は盛んだった研究会方式がなぜ廃れたのかを考えてみたいと思います。

　タイムラインを確認すると次のようになります。

1） 販社とは別に「〇〇研究会」を立ち上げ、販社がうたえない商品効能を研究会に成分効能として言わせる、という建て付けを作ります。

2） 最も盛んだったのは、サン・クロレラ＆クロレラ療法研究会でした。

3） クロレラ療法研究会の会長がサン・クロレラの社長であるなどの点から、薬事法違反ではないかという声も多数ありましたが、指導されることはありませんでした。

4） そんな中、適格消費者団体「京都消費者契約ネットワーク」がサン・クロレラを訴え、クロレラチラシの配布差し止めを求めました。

5） この訴訟において、京都消費者契約ネットワークは、両者の同一性を詳細に立証し、京都地裁2015年1月21日判決は、差し止めを認める判決を下しました。

クロレラ判決

適格消費者団体「京都消費者契約ネットワーク」が景表法に基づいてサン・クロレラに対してクロレラ研究会のクロレラチラシの配布差し止めを求めた

京都地裁：差止請求認める（2015年1月21日）

差し止め訴訟の
対象となった
新聞折り込みチラシ広告

6）サン・クロレラは控訴してこの判決を争いましたが、チラシの配布は自主的に取りやめ、ここに20年以上続いたクロレラチラシの幕が閉じることになりました。

7）その後、同じような手法の「サメ軟骨普及協会」のチラシも、適格消費者団体「消費者支援機構関西（KC's）」により差し止められており、この手法は消滅（THE END）という感じになっています。

　以上の事実関係を踏まえて、研究会方式が廃れた理由を考えてみると、次のようにいえます。

（1）適格消費者団体はマンパワーとして構成員を多数抱えているので、資料請求をしたり、電話をしたり、地道な調査をして販社と研究会の同一性を立証します。

（2）両者が同一となると、景表法の観点からは「結局商品効能を訴求していることになるが、その根拠はあるのか」と追及されます。研究会方式では通常体験談が根拠のメインですが、法的には体験談はエビデンスとしての評価は低いので、ここで景表法違反となります（なお、京都地裁が景表法違反としたロジックは多少異なります）。

（3）薬事法的には、エビデンスの学術性の高さと商品広告との距離を2軸で考えることになりますが（第3部イントロダクション参照）、体験談がエビデンスだと縦軸が大きくマイナスとなり、容易に薬事法違反といえます。

オウンドメディア

疲労回復

　以前の江崎グリコは、あまり攻めたプロモーションを展開していなかったのですが、最近は攻めのポジショニングが目立ちます。

　たとえば、機能性表示の商品「エキストラアミノアシッド テアニン」の届出表示は、「L- テアニンには、睡眠の質を向上（起床時の疲労感や眠気を軽減）する機能が報告されています」とあります。

　しかし、商品パッケージには大きく「POWER PRODUCTION」とあり、届出表示の「眠り」と何の関係があるの？　逸脱？　と疑問が湧きますが、そこを「POWER PRODUCTION は、ブランド名であり機能を意味するものではありません」という打消し表示で制御しています。

　次に、江崎グリコの商品サイトに関する Q&A を紹介します。

Q

江崎グリコの「POWER PRODUCTION」サイトに関していくつかお聞きします。

（あ）疲労回復の情報コンテンツの右横に、商品「POWER PRODUCTION」にリンクするバナーが置かれていますが、これはOKですか？

（い）以前、「男性　疲れ　取る」と検索すると、このサイトが上位表示されていましたが、この手法はOKですか？

（う）このサイトのアクセス者に、商品サイトにリンクされているリターゲティング（リタゲ）を表示させるのはOKですか？

A

1）（あ）について

　情報コンテンツと商品につながるバナーの間に、つながりがなければOKです。

　情報コンテンツの中に、商品名や商品に含まれる成分名が入っていると「つながりがある」と考えられ、NGです。

2）（い）について

　検索でNGとされるのは、たとえば活性水という商品サイトに検索窓があり、そこに「諏訪 不思議な水」と書き込まれていて、「こちらのボタンを押してください」といった誘導があり、そのボタンを押すと商品名はなく、諏訪の水のがんなどに対す

る効果を述べている体験談サイトがずらずら出てくる、といった場合です（この例は、薬事法違反として刑事事件となりました。「強命水 活」事件）。

　このような場合は、本来、検索という行為とは言えない商品効果の結び付きが強い、と考えられます。

　本件は、そもそも検索ワードを指示しているわけではないのでOKです。

3）（う）について

　リタゲを用いた方式は現在影を潜めています（L-92乳酸菌の効果を訴求するバナー広告→成分研究サイト→訪問者にリタゲ〈商品LPへのバナー〉→商品LPと展開）。

　それは、研究サイトに誘導するバナー広告が「アトピーでお悩みの方へ」などと過激だったことも一因と考えられ、そのような条件がなければ、リタゲ方式は必ずしも不可とは言えないように思います。

マーケティングと規制

Introduction

イントロダクション

　第4部では、最近のマーケティング手法と、それに対する規制状況を解説していきます。

　まずは、ビジネス向けのメディアとして重要性を増しているインスタグラム。

　本書で何度も紹介してきた成分広告の手法にも使われており、その例と適法性、特に薬事法との関係を説明します。

　インスタグラムマーケティングは、景表法との関係についても、次の2点で重要です。

　1つはステルスマーケティング（ステマ）規制。2023年10月から景表法の規制として始まったこの規制が、インスタマーケティングにどう影響するのかを説明します。

　もう1つはアフィリエイト。インスタグラマーは通常アフィリエイターを兼ねているので、アフィリエイト規制がどうカバーするのかを説明します。

　次に、プレスリリースを使ったマーケティングについて、PR TIMESを例として説明します。

　さらに、比較広告の手法の問題点についても解説していきます。

Part 1

インスタグラム・
アフィリエイトサイト

1. インスタグラムマーケティング（1）

インスタグラムマーケティング（インスタマーケ）は、どんどん進化していて、単に認知拡大だけでなく獲得もできる媒体になってきています。

さらに、薬事法をクリアするために、成分コンテンツと商品コンテンツを分ける手法も登場しています。

ここでは、インスタマーケと法律上の問題点についてまとめてみます。

1）最もベーシックな手法は、フィード投稿で認知拡大を図ることです。

（1）これだけだと販売がないので、景表法は問題になりません。

（2）薬事法は「何人も」規制なので、主体は誰でもいいし、販売なし広告のみでもターゲットにできますが、運用上その可能性は低いでしょう。

（3）ステルスマーケティング（ステマ）も問題となります。スポンサーの依頼があってインスタグラマーが投稿しているというのであれば、PR表記が必要です。

2）インスタグラマーに獲得サイト（ないしアカウント）への集客をさせ、獲得に応じて報酬を払う、というやり方も可能です。これは法律上、アフィリエイトと位置付けられます。

　多くのインスタグラマーを集めたければ、広告代理店やASPの手を借りることになります。

　以下、フィード投稿→ストーリーズ→商品サイトというフロー（第1類型）と、フィード投稿→ストーリーズ→ストーリーズというフロー（第2類型）を検討しますが、それらのサイトが虚偽誇大な場合の景表法の責任は、広告主が負うという点は変わりません（それがアフィリエイトと景表法のルール）。

第1類型のフロー

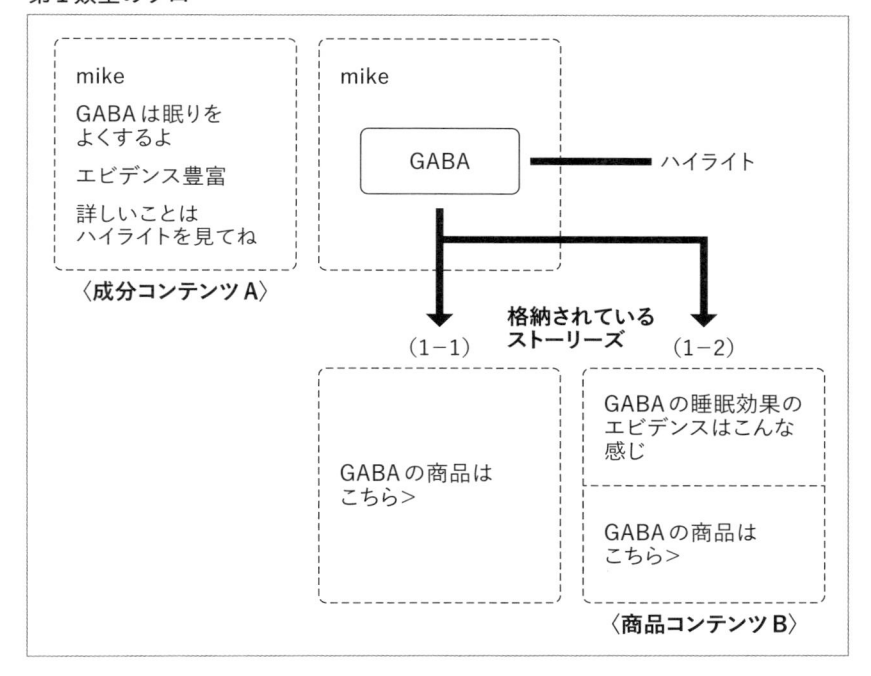

　フィード投稿にはリンクを貼れないので、まずはストーリーズにリンクを貼ることになります。

　フィード投稿が、効能あり成分コンテンツ（A）の場合。
　たとえば「GABAが眠りをよくする」。
　ストーリーズからのリンク先（B）で、GABA商品が買えるようになっている、という建て付けであれば、AとBの距離が薬事法上問題になります。

検索誘導に関しては、キーワードを示して、検索指示している場合は、薬事法違反になっています（強命水 活事件〈第3部Part2「オウンドメディア」〉）。

　なので、フィード投稿だけで「GABAが眠りをよくする」と、効能を述べている場合は（図の1-1の場合）、商品コンテンツ＝Bとの距離は遠いと考えられるでしょう。

　対し、フィード投稿から導かれるストーリーズにおいても「GABAが眠りをよくする」と効能を述べている場合（図の1-2の場合）は、商品コンテンツ＝Bへのリンクボタンを押すことをどこまでPUSHしているかで距離の考え方が決まります。

2．インスタグラムマーケティング（2）

　インスタグラムマーケティング（1）では、インスタ（＆アフィリエイト）マーケの第1類型として、「GABAは眠りをよくするよ」とフィード投稿（成分コンテンツ）→ストーリーズ→商品サイト（商品コンテンツ）というフローで生じる問題点を説明しました。

　次に、第2類型として、「GABAは眠りをよくするよ」とフィード投稿（成分コンテンツその1）→より詳しく効能を掘り下げるストーリーズ（成分コンテンツその2）→商品を紹介し購入につなげるストーリーズ（商品コンテンツ）というフローについて考えてみましょう。

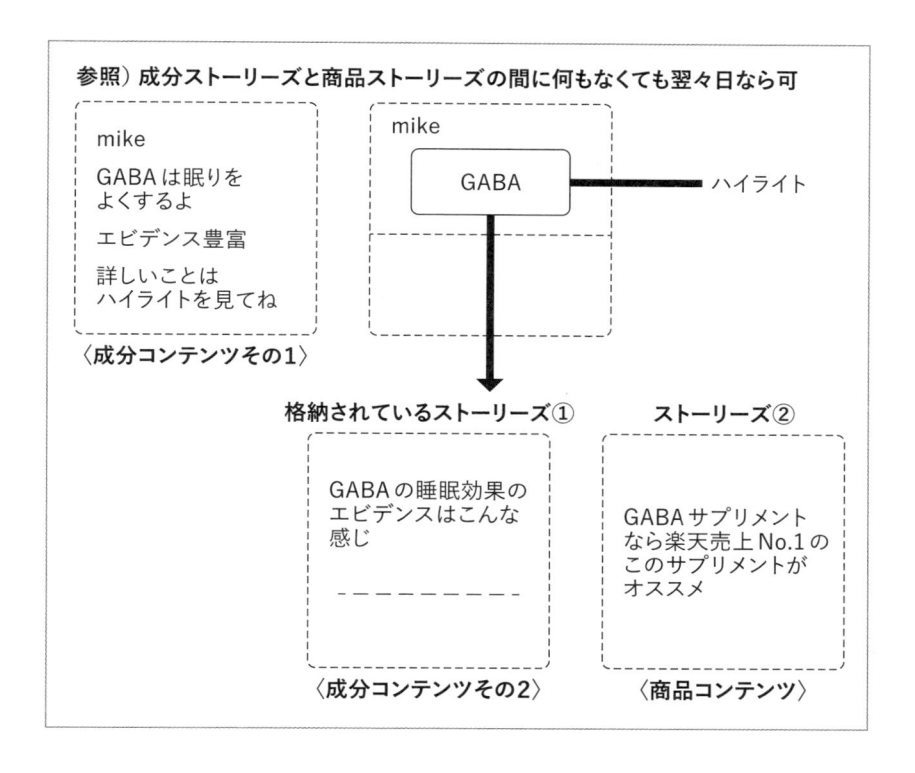

〈成分コンテンツその1〉

〈成分コンテンツその2〉 　〈商品コンテンツ〉

第2類型のフロー

1) インスタグラムマーケティング（1）で紹介した第1類型の
場合、商品サイトにリンクするストーリーズに効能が書かれ
ているならアウト（1-2）、それがないならセーフ（1-1）、
ということでした。

2) 第2類型の場合は、成分コンテンツのストーリーズと商品コ
ンテンツのストーリーズがあり、両者はリンクしない、とい

うものです。

参考になるのが東京都庁HPにある「連日広告」の例。

同一新聞でX日に成分広告、X＋1日に商品広告というパターンをNGとしています（第3部 Part 1-1）。

これからすると、成分コンテンツのストーリーズをアップした日の翌々日に、商品コンテンツのストーリーズをアップしたほうが無難なようです。

3）　なお、ステルスマーケティングとの関係では、ストーリーズ②は「このサプリメントがオススメ。こちらで買えます」とあるので、消費者には広告と認識されます。

　　一方、ストーリーズ①は何もなくてもOKですが、一見個人の意見のように見えるのでPR表記が必要です（ステマに関しては第4部 Part 3）。

プレスリリースマーケティング

2023年10月31日に下された、糖質カット炊飯器に対する措置命令がターゲットにした広告の中に、PR TIMES も含まれていました。

PR TIMES 記事を薬事法違反とする行政指導が出たということは、薬事法にせよ景表法にせよプレスリリースはもはや聖域ではなくなっていることの証左といえるでしょう。

では今後、PR TIMES をどう使っていけばよいのでしょうか?

まず、薬事法の観点からいうと、PR TIMES 記事を成分広告ないし素材広告、あるいは技術広告にすることです。

糖質カット炊飯器の事例であれば、「糖質カット炊飯技術」のような技術広告にして商品を出さなければ薬事法は適用されません。

次に、景表法は広告該当性をアバウトに見るので（その先例は本書冒頭のブロリコ事件。商品の販社はイマジン・グローバル・ケア、成分の研究所はブロリコ研究所と切り分けていましたが、

成分効能冊子を商品とつなげて見ています）、PR TIMES記事に商品が出てこなくても景表法を適用してくる可能性があります。

そうなると、後はエビデンスの勝負になります。

YDCグループのJACTA（日本臨床試験協会）では、RIZAPのビフォーアフター広告を始め、さまざまな「広告のための」エビデンス作りを行っています。巷には多くの試験機関がありますが、「試験のための試験」というアプローチがほとんどで、「広告のための試験」を意識していません。

今回の糖質カット炊飯器に対する措置命令の背景には、国民生活センターで行った試験がありました。

対象とした商品の販売元は、(1)AINX　(2)アイリスオーヤマ　(3)ウィナーズ　(4)ソウイジャパン　(5)forty-four　(6)ベルソス。

いずれも、糖質カットの値として最大値を訴求しているものの、それを導く条件が書かれておらず、また、通常炊飯より水分が多く、その分、全量が大きくなるので相対的に糖質の量が低くなる、という問題がありました。

JACTAは、ヒト試験だけでなくこのような性能試験にも対応できます（例：家庭用遠赤外線血行促進用衣における遠赤外線の放出量のエビデンス作りなど。第1部 Part 1 参照）。

独立行政法人
国民生活センター

【法人番号 4021005002918】

令和 5 年 3 月 15 日
独立行政法人国民生活センター

糖質を低減できるとうたった電気炊飯器の実際

1．目的

　近年、健康志向や痩身への関心の高まりなどから、炭水化物や糖質 (注1) の摂取を控える「低炭水化物ダイエット」、「低糖質ダイエット」、「ローカーボ」などが注目されています。そのような中、日常的に食べているごはん（炊飯米）の糖質を低減できるとうたった電気炊飯器（以下、「糖質カット炊飯器」とします。）が販売されています。

　PIO-NET (注2) には、糖質カット炊飯器について、2017 年度以降の約 6 年間に 250 件の相談が寄せられており (注3)、「糖質カット炊飯器を使用しているが血糖値に変化がない」といった、品質・機能に関する相談も寄せられています。

　また、消費生活センターからの依頼で行ったテストでは、糖質を低減させるという炊飯によるごはんの方が通常の炊飯より同一重量当たりの糖質の量は少なかったものの、表示されていた最大の割合には大きく及びませんでした。

　そこで、糖質カット炊飯器について、実際に炊飯した場合と、うたわれている糖質の低減の程度を調べ、消費者に情報提供することとしました。

> （注1）食品表示基準では、炭水化物から食物繊維を除いたものを糖質としています。
> 　　　　参考：
> 　　　　https://www.caa.go.jp/policies/policy/food_labeling/food_labeling_act/assets/food_labeling_cms204_221026_04.pdf
> （注2）PIO-NET（パイオネット：全国消費生活情報ネットワークシステム）とは、国民生活センターと全国の消費生活センター等をオンラインネットワークで結び、消費生活に関する相談情報を蓄積しているデータベースのことです。
> （注3）2017年4月以降受付、2023年1月末日までの登録分。消費生活センター等からの経由相談は含まれていません。

2．テスト実施期間

　検 体 購 入：2022年10月〜11月
　テスト期間：2022年11月〜2023年 1 月

Part 3

ステルスマーケティング

1. ステルスマーケティング規制のその後（1）

　2023年10月１日から始まったステルスマーケティング（ステマ）規制。水面下の動きはあるようですが、まだ事例化しているものはないようです（24年４月現在）。

　その後、ステマ違反を理由として、2024年６月７日「医療法人社団祐真会」に対する措置命令が発令されました。

　ここでは、企業が直接・間接にインスタグラマーに依頼するインスタマーケティングの法的論点を整理してみます。

1）インスタ投稿が薬事法に違反していた場合、薬事法は「何人も」規制であり、誰でもターゲットにできます。また、商品販売をしていなくても広告だけで責任を問うことができます。2020年７月の「ステラ漢方事件」において、広告代理店の社員が薬事法違反で逮捕されたことがそのことを物語っています（第１部 Part1）。

よって、インスタグラマー自身が薬事法違反で責任追及される可能性があります。もし、その投稿に企業が深く関わっているようであれば、企業も共犯的立ち位置として責任追及される可能性があります。

2）インスタ投稿が、景表法5条1号（優良誤認）に違反していた場合、インスタグラマーは景表法の責任を負わないので（景表法の責任を負うのはあくまでも販売者）、5条1号で追及されることはありません。多くの場合、インスタグラマーはアフィリエイターでもありますが、その場合、依頼企業は「黙認」や「放置」などの消極的関与でも5条1号違反で責任追及される可能性があります（第1部コラム「アフィリエイトとインスタグラム」）。
この場合の「責任追及」は、措置命令、そして課徴金です。

3）インスタ投稿が景表法5条3号（ステマ規制）にのみ違反していた場合、インスタ投稿が内容的に優良誤認でなければ5条3号のみが問題となります。
この場合もインスタグラマーは、5条3号で追及されることはありません。
対し、企業はなにがしかの「依頼」があれば5条3号違反で責任追及される可能性があります。
この場合の「責任追及」は措置命令のみで、課徴金はありません。

2. ステルスマーケティング規制のその後（2）

インフルエンサーマーケティングに関する原則的な対策は、次の通りです。

1） ステルスマーケティング該当か非該当かよくわからないとき（特に比較広告が問題）は、「PR表記」をさせる。
2） 1）が徹底できないおそれがあるときは、YDCが作成した「べからず集」（レギュレーションマニュアル）を配布する。行き渡らないおそれがあるときは、アフィリエイター・インスタグラマーのためのレギュレーションサイトを作り、「やることはやっている」という状態にする。

「原則的対策」以外では、次のようなケースもありました。

消費者に提示したいのは1サイトのみだが、それにどうしても「PR表記」をしたくない。

そこで、そのサイトに至るルートをリスティング広告だけにする（No Index にして自然検索では到達できないようにする）。

これだと消費者は広告としてそのサイトを見るので、確かに、「PR表記」は不要です。

残るは「口コミ」です。

依頼に基づき、口コミサイトに記入させるというケースでも「PR表記」は必要となります。

　これをどうするかは各社でまだ模索中、という感じです。

　前述の「医療法人社団祐真会」事件では、患者に割引特典を与えて口コミ投稿を誘っていたことが違反とされました。

3．ステルスマーケティングQ＆A

Q1

　インスタ投稿の「PR表記」に関し、投稿末尾に置くハッシュタグの群れの先頭に「#PR」と示すのではダメですか？

A1

　楽天などの「自主規制」では、「#PR」は不可です。

　法律上は、数あるハッシュタグの中に埋もれていて消費者が認識しにくい、ということがなければOKです。

Q2

　メディアに弊社商品を記事として取り上げてもらいたく、プレスリリースし、メディアから問合せがあった場合は、弊社に取材に来てもらう交通費を出す予定です。後にそのメディアが弊社商

品を取り上げる場合、「PR表記」がないとステマ規制違反になりますか？

A2

　微妙です。メディアから「取材したい」と言ってきて、「じゃあ交通費を出します」というやり取りなら、メディアは依頼を受けて意思決定したわけではなく自主的な意思決定なので、そのままPR表記なく記事にしてもステマにはならないでしょう。

　しかし本件は、プレスリリースによって御社が誘導しているニュアンスがあるので、PR表記なく記事にするとステマになると思います。

Q3

　弊社→広告代理店→インスタグラマーへの依頼→インスタ投稿というフローは、過去に多くあると思います。2023年10月1日以降は、過去に投稿したものであれ、見られるものは規制対象になるとのことですが、数が多く、また、連絡先がわからない人もいて、すべての過去の投稿に「PR表記」をさせるのは到底無理です。こういう場合はどうしたらよいのでしょうか？

A3

　自らサイトやX（旧Twitter）などを起ち上げ、そこでインスタグラマーに呼びかけるしかありません。

4. ステルスマーケティングとアフィリエイト

インスタグラマーを使う第三者型だと、ステマになるのかならないのかよくわからないことがあると思います。そんなときは、「PR」と書いておけば、それでステマ規制はクリアできます。その意味では話は簡単なのですが、実務上はその先に重大な問題があります。次はそんなQ&Aです。

多くのインスタグラマーは、スポンサー（企業）へ送客→コンバージョン（CV）→報酬GETというビジネスモデルで、間に広告代理店やASPも入っています。ということは、実態的には法律上アフィリエイトに該当すると思います。

ステマ規制をクリアするには、インスタグラマーの投稿に「PR」表記を入れればよいのですが、そうなるとアフィリエイトであることを告白し、アフィリエイト規制がカバーすることになる気がします。

社内で協議したところ、ステマ規制違反のリスクとアフィリエイト規制違反のリスクを比較検討すべきだということになったのですが、どうなのでしょうか？

景表法は、5条が不当表示の条文で、1号が優良誤認（訴求し

ている効能に根拠がないなど）、2号が有利誤認（通常価格と称しているが販売実績がないなど、オファーに関するもの）、3号が「告示」といわれるもので、ステマ規制はこの中にあります。

1号、2号違反は、措置命令以外に課徴金のペナルティもありますが、3号違反は課徴金はありません。

アフィリエイト規制がカバーすることになると、1号、2号の追及を受けることになります。

どちらが厳しいかは言わずもがな、でしょう。

5．比較サイト（1）

以前、「急げ！ステマ規制対策〜具体例をたっぷり解説します〜」というセミナーを開催したところ、大変な熱気で、受講した方々から30件もの質問が出て、とても突っ込んだ内容となりました。

ここでは、その中から「比較サイト」に関する質問をＱ＆Ａ形式で紹介します。

競合を10個並べてランキングを作る比較サイトを運営しています。どの順位であれ、公式サイトへのリンクは付きますが、ランキングを作る基準の1つに、消費者パネルの評価があります。

ここは当社で操作できるようになっており、当社に報酬を払う

ところが1位になるようになっています。

このサイトはステマになりますか？　また、ほかの景表法の問題点はどうですか？

1）ステマについて

　　このサイトは御社の意見のように見えますが、実は1位の会社の広告なので、PR表記がないとステマになります。

　　ただし、PR表記はそれだけ書けばよく、どこの会社のためまでは書く必要はありません。

2）優良誤認について

（1）ステマは、メッセージ主体だけの問題で内容は無関係ですが、内容が消費者に誤認を与えているというのであれば優良誤認になります（ステマが景表法5条3号であるのに対し、優良誤認は5条1号）。
　　　本件は「消費者パネルの評価」に操作があるため、優良誤認に該当します。

（2）「そんなことわかりはしない」と思うかもしれませんが、景表法改正により消費者庁が調査を広く行えるようになっているので、甘く見ていると痛い目に遭うことになるでしょう。

6．比較サイト（2）

　以前、私がコンサルティングしていた企業で、新規の9割をアフィリエイトで獲得しているという会社がありました。その後、アフィリエイト規制が厳しくなり、その会社も新規獲得UPより既存顧客のLTV UPに路線を変更しました。

　ところが、最近はSNSマーケティングを駆使して、新規獲得を伸ばす事例が増えてきました。

　そういう企業は、インフルエンサーと直接つながるわけではなく、間に広告代理店やASPが入っています。そのため、どんなインフルエンサーがいて、彼らがどういう投稿をしているかはほとんど把握していません。

　しかし、その責任は、優良誤認（5条1号）も、有利誤認（2号）も、ステマも（3号）、すべて売主である企業が負うことになっています（1号・2号・3号ともに措置命令、課徴金は1号・2号）。

　ここでは、比較ランキングに関するQ&Aを紹介します。

Q

　当社は、美容液の口コミランキングサイトを展開しています。

　いろいろな口コミサイトでの口コミ数を拾って、その数でランキングを付けるというものです。

　口コミを拾う口コミサイトの例は示していますが、網羅的では

ないため、そこで操作が可能で、実際には報酬をもらっている会社の製品を1位にしています。

当社は、景表法上どういう責任を負いますか？

1）優良誤認（1号）

訴求していることに根拠がないのが優良誤認です。

本件は、訴求している口コミ数の一部を操作しているということなので、優良誤認に該当します。

なお、実際のフローとしては、通報などに基づいて消費者庁から調査要求の連絡が入り、口コミランキングの資料の提出を求められます。

優良誤認に関しては、「不実証広告規制」という規制手法が取られており、御社がシロであることを証明できなければ御社に責任あり、とされます。

なので、実際上「目を付けられたら終わり」という感じになるので即刻止めるべきです。

2）ステマ（3号）

口コミサイトは、その会社のメッセージと見えますが、実は第1位になりたい会社の依頼に基づいているので、PR表記がなければ3号違反にもなります。

YDCの体制とリーガルマーケティング（まとめ）

　私が社主であるYDC（薬事法ドットコム）の体制について説明します。ヘルスケアビジネスは、行政による規制がとても強い領域なので、まず法律・規制を知る必要があります。

　これは大手法律事務所でもできることですが、それ以外にも、たとえば行政が表に出していない情報を行政内部から入手するなどといったことも必要です。また、景表法との関係で、エビデンスに習熟する必要もあります。

　そこで、YDCでは、さまざまな官僚OBの方々の協力や、医学ネットワークの構築とともに、自らエビデンスを作るべく臨床試験機関JACTAの立ち上げなど、企業の守りの観点からの体制を整えています。

　さらに、攻めの観点から求められる「マーケティングノウハウ」についても万全の体制を整えています。

　私は、さまざまな事例のコンサルティングをベースに、「リーガルマーケティング®」という発想法を考案し、それをコンサルに生かし、数々の成功事例をプロデュースしています。

ヘルスビジネスにおける4つのニーズ

　2023年8月、法務省は「AI等を用いた契約書等関連業務支援サービスの提供と弁護士法第72条との関係について」というガイドラインを示しました（次頁参照）。

　これは、AI等を用いて契約書等の作成や審査を行うサービス（リーガルテック）と弁護士法の関係を示すもので、簡単にまとめると次の通りです。

サービスの概要等

○ **問題となり得る点**
① 報酬を得る目的
② 対象とする案件
③ サービスの機能・表示
④ サービスの利用者

経緯、目的

○ ＡＩ等を用いたリーガルテックは、サービスによっては「非弁活動」に当たるかが問題となるが、**企業の法務機能向上を通じた国際競争力向上**や、契約書審査やナレッジマネジメントにおける有用性等に鑑み、**弁護士法72条の趣旨を踏まえつつ、**同条とリーガルテックとの関係の予測可能性を高めるため、本ガイドラインを作成。

弁護士法第72条本文

○ 「**弁護士**…でない者は、**報酬を得る目的**で訴訟事件…その他**一般の法律事件**に関して鑑定…その他の法律事務を取り扱い、…を業とすることができない。」

ガイドラインの概要

問題となり得る点ごとに、
   判断の考慮要素や、通常該当しない例と該当し得る例を明確化。

①「報酬を得る目的」（ガイドライン１ページ）
 ・ サービスの運営形態、支払われる金銭の性質や支払目的等を考慮し、利益とサービス提供との間に**対価関係**が認められるか否かを判断。

②「その他一般の法律事件」（２ページ）
 ・ 個別の事案ごとに、契約の目的、当事者の関係、経緯や背景事情等を考慮し、**法律上の権利関係に関し争いがあり、あるいは疑義を有する**か否かを判断。

③「鑑定…その他の法律事務」（３ページ）
 ・ サービスの**機能と表示内容**によって判断。
   ■**作成業務支援サービス**（３ページ）
   ■**審査業務支援サービス**（４ページ）
   ■**管理業務支援サービス**（５ページ）

④ サービスの利用者（６ページ）
 ・ ①〜③にかかわらず、**弁護士が自ら精査し、必要に応じ修正する方法で使用する場合**は違反しない。

ガイドライン

1) 報酬を得る目的で（あ）事件性のある問題や（い）法律事務を処理すると弁護士法違反になる。
2) （あ）はもめ事の類で、契約書等の作成や審査は通常これとは関係ない。
3) （い）は法的知識が必要な事務処理を意味するので、契約書等の作成や審査は関係しうる。しかし、ニーズに合ったパターンを示すレベルなら問題ない。

　以上からおわかりのように、3）が微妙なところで、「パターン提示」だけでなく「個別のニーズに合うものを作ってくれたり、チェックしてくれるのはどうなの？」という点が問題となりますが、YDCの場合、リーガルマターはすべて弁護士関与としているので、まったく問題ありません。

　さらにYDCでは、みなさまのニーズが（1）「リーガル」だけではなく、（2）「行政ノウハウ」や（3）「エビデンス」や（4）「マーケティング」にもあることを掌握し、そのニーズに100パーセント応えられる体制を用意しています。

リーガルテックとYDC

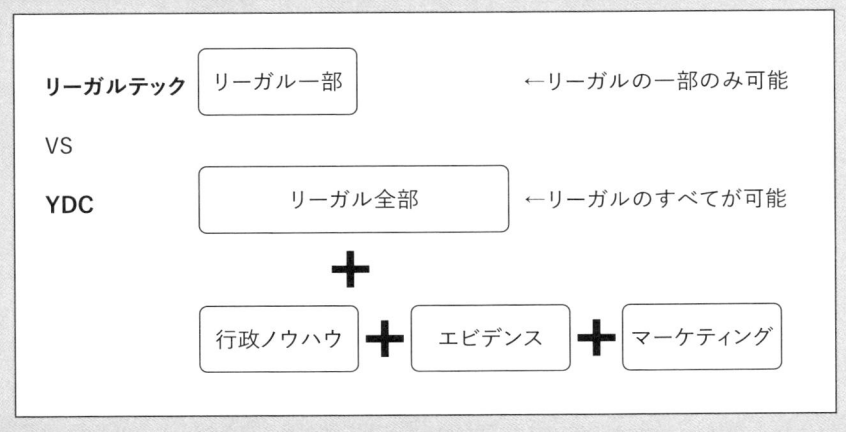

４つのニーズについて説明します。

(1) リーガル

　マンパワーとして、YDCの連携法律事務所・M&M法律事務所の代表である松澤建司弁護士、元ナイキ社内弁護士の西脇威夫弁護士、NY州・香港・中国の弁護士資格も有し、現在 (2024年) 司法試験委員も担当されている臼井隆行弁護士を擁しており、薬事チェックや法的要素を含むアドバイスの類には必ず関与していただいています。

　最近は、さらに、東京大学首席卒業・法学部４年で司法試験２位合格を果たしたピカピカのエリート弁護士、小林秀之弁護士にも、役所との交渉や裁判マターにご協力をいただいています。

　その後、2024年３月には、小林弁護士、臼井弁護士とともに、「(一社) ヘルスケア法制局」を立ち上げ、規制が不明確な領域について少しでも基準を提供していく活動を始めました。

(2) 行政ノウハウ

　私には、ニューヨーク在住で、ある日本企業の顧問弁護士をしている親友がいますが、彼がこう言っていました。

「日本人は日本を民主国家だと思っているけれど、果たしてどうだろうか？　法律やガイドラインなど民主的な舞台装置が示されてはいるものの、核心はわからないように作られていて、そこは役人が裁量で決めている。凄まじい行政権力で、民主主義の仮面を被った社会主義国家だと思う」

　措置命令を受けた「さくらフォレスト事件」などを見ていると、「むべなるかな」という気がします。措置命令は相変わらず「資料は提出されたが合理的なものとして認められなかった」で、「どういうエビデンスを持っていれば合理的根拠といえるか？」の指針をまったく示しません。

　そのため、YDCではさまざまな活動を通して、行政から情報を得るようにしています。

1) 日本版CIAである公安調査庁元長官の中川先生に顧問、元会計検査院局長の円谷先生に代表になってもらっている。

   会計検査院は各省庁の収支をチェックする役割であり、円谷先生は今でも各省庁に幅広いネットワークをお持ちで、それを活用させてもらっている。

2) 元大蔵省審議官の宝賀先生、元厚労省審議官の和田先生など、官僚OBの方々に顧問になっていただいており（HPに出ていない方もいらっしゃいます）、その伝手でいろいろな人を紹介してもらっている。

3) 随時、非公開の形で、お役人を囲む勉強会を実施しており、そこでネットでは得られない情報を得ている。

（3）エビデンス

私は、2009年に消費者庁がスタートしたあたりから、これからはエビデンスが重要になると見て、通信教育で医学論文や医療統計を学ぼうと思い、ハーバードメディカルオンラインコースを受講し、ディプロマも得ました。

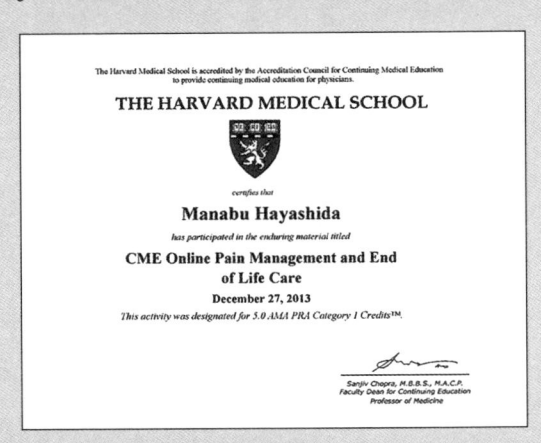

他方、ドクターネットワークを積極的に拡大し、現在は、ヤクルトや明治の顧問をされている奥村康 順天堂大学医学部特任教授にYDCの最高顧問になっていただいております。

その結果、まず、エビデンスに強くなりました。

その1つの成果が、あの世間をアッといわせたRIZAPのビフォーアフター CM です。

その CM を支えたのは、YDC（臨床試験機関JACTA）のエビデンスでした。

（4）マーケティング

私は1998年から、やずやグループの全広告及び全インナーをチェックし、「マーケティング」を体得しました（私の成長につれ、年商も30億円から470億円に跳ね上がりました）。

そして、この経験をベースとして、リーガルマーケティングの方法論を体系化しました。

本書で繰り返し説明した、「法規制を分析してビジネス的に勝てるポジショニングを見出し、そこを攻める」という方法論です。

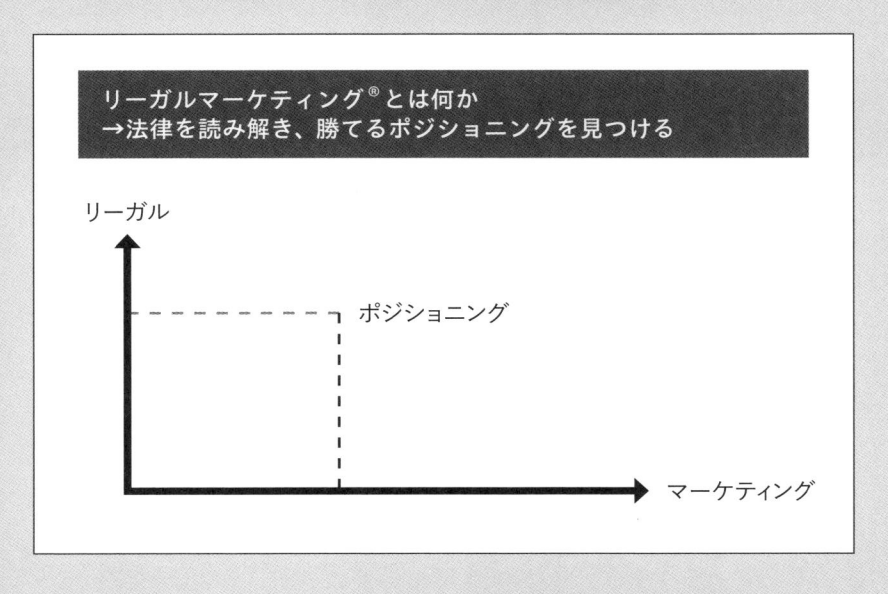

その後は、この方法論に基づき、さまざまな成功事例をプロデュースしています。

　こちらも繰り返しになりますが——

1）　RIZAP：ビフォーアフターエビデンスを作り、2店舗→150店舗
2）　にしたんクリニック：通販型PCR検査キット→1年で280億円
3）　メビウス製薬：2006年、ワンルームマンションで2人でスタート
　　　→2012年から私がコンサルティング→2022年100億円で売却

　現在進行中だと——

4）　守秘義務があり詳しくは言えませんが、年商10倍UPが2例
5）　2022年12月に始めた企業型オンラインクリニック、1年後の月商2億円。2年目の年商30億円は確実

　どの事例も「こんなことできないだろう」と思われていたことに対し、リーガル分析し、ビジネス的に勝てるポジショニングを見出し、そこを巧みなマーケティングで攻める、という手法で成功しています。

エピローグ

私の名刺には「弁護士出身の実業家」という肩書きがあります。

私は以前、大学教授や弁護士として法律畑で活動していましたが、現在ではビジネスモデルを転換し、(1) コンサルティング、(2) リーガル、(3) メディカルと3つのフィールドで活動しています。

私が自らのビジネスモデルをこのように転換した理由はいくつかありますが、理由の1つは「ヘルスケアビジネスのナビゲーター」となるためです。

「ヘルスケアビジネスのナビゲーター」になるには、法律知識は必須ですが、それだけでは足りません。ビジネスの現場を知る必要があります。

たとえば、プロローグでも述べたように、私がナビゲーションして成長したビジネスにRIZAPがあります。スタート時点は2012年7月、まだ、東京の神宮前と六本木の2店舗しかない状況でした。

限られた資源・予算の中で法的規制に鑑み、どういうマーケティングが可能なのかを共に考え、サポートし、あれよあれよという間に成長していきました。

この成長過程の中では、マーケティング戦略の構築の知識に加え、ビフォーアフター広告の根拠をどう作るか、というメディカルな知識も大変役に立ちました。私は、2009年に消費者庁が発足したあたりから、医学的エビデンスが重要になる時代が来るで

あろうと予測し、ハーバードメディカルスクールのオンラインコースで学習し、自ら臨床試験機関（JACTA）を立ち上げていましたので、そこでビフォーアフターのエビデンスを作ることが可能でした。

　私は、周りの人からは「変わり者」とか「何をやっているのかよくわからない」などと言われますが、「ヘルスケアビジネスのナビゲーター」であり続けたいと考えています。

　ヘルスケアビジネスに関する規制のわかりにくさが、この分野での企業の活力、ひいては国の競争力を弱めていると考えている私は、この分野での規制（どこからどこまでが違法で、ここから先は問題なしといったルール）を一つひとつ明らかにしていく必要があると考えています。

　そのために2024年4月、「（一社）ヘルスケア法制局」を立ち上げました。

　この法制局は、小林秀之弁護士（東大法学部を首席で卒業。4年時に2番で司法試験合格。一橋大学名誉教授）、臼井隆行弁護士（東大法学部卒業。英語と中国語に堪能でNY州と香港の弁護士資格を保有。現在、司法試験考査委員）と私の3名で構成されており、ヘルスケアビジネスに関する規制の「暗闇」を少しでも明るくすることを目的としています。これが私の第1のMISSION。

　さらに私が創造した「リーガルマーケティング」の方法論でいろいろな成功事例をプロデュースしていこうと考えています。こ

れが私の第2のMISSION。

　以上、2つのMISSIONを実行するためのツールとして本書を上梓することにした次第です。

2024年　夏

林田　学

情報をさらに入手するためのおすすめサイト

林田学公式サイト

薬事法ドットコム（YDC）

日本臨床試験協会
（JACTA）

一般社団法人
ヘルスケア法制局

無料メルマガ　薬事の虎

[著者]

林田 学（Mike Hayashida, Ph.D.）

弁護士出身の実業家。

東京大学法学部大学院卒、法学博士。Harvard Medical School オンラインコース単位取得。大学教授、弁護士を経て、現在㈱薬事法ドットコム（YDC）社主、M&M法律事務所最高顧問。

2002年度薬事法改正のための小委員会など、政府関係委員会委員も歴任。

1995年の小林製薬㈱の通販事業を皮切りに、健康美容医療ビジネスの分野で関連法令とマーケティングをリンクさせたリーガルマーケティング®というコンサル手法で、やずや30億→470億、RIZAP 2店舗→100倍、にしたんクリニックPCR検査キット→1年で280億、メビウス製薬創業者ワンルーム創業→100億EXITなど成功事例をプロデュース。

著書に、『PL法新時代』、『情報公開法』（中公新書）、『最新薬事法改正と医薬品ビジネスがよ〜くわかる本』（秀和システム）、『ゼロから始める！ 4年で年商30億の通販長者になれるプロの戦略』、『健食ビジネス新時代を勝ち抜くプロの戦略「機能性表示」解禁を、どう生かすか』、『素人でもたった2年で年商1.8億円を実現した美健EC』、『ヘルスケアビジネスのための実録 景品表示法』、『30万人のサブスク・定期顧客を生み出す リーガルマーケティング』、『景表法を制する者はECビジネスを制する』（ダイヤモンド社）、『機能性表示とノウハウカルテットで4年でビリオネアへの道』、『景品表示法の新制度で課徴金を受けない3つの最新広告戦略』（河出書房新社）などがある。

リーガルマーケティングでヘルスケアビジネスの勝ち組になる

「健康美容機能訴求」で商品のバリューUPはどこまで可能か？

2024年9月3日　第1刷発行

著　者——林田 学

発行所——ダイヤモンド社

〒150-8409　東京都渋谷区神宮前6-12-17

https://www.diamond.co.jp/

電話／03・5778・7235（編集）　03・5778・7240（販売）

装丁————北路社

製作進行——ダイヤモンド・グラフィック社

編集協力——クリーシー

印刷————加藤文明社

製本————本間製本

編集担当——花岡則夫、寺田文一